Wandern im Aostatal

Frank Rainer Scheck

DUMONT aktiv

Inhalt

Wandern im Aostatal

Wandersaison

Optimal: Ende Juni bis Mitte September. Talquartiere und Hütten sind dann selten ausgebucht. Früh im Jahr müssen Sie in Hoch- und Nordlagen allerdings mit Schneeresten rechnen, und ab der 1. Septemberwoche beginnen Hotels und *rifugi* zu schließen. Abzuraten ist von einem Besuch Ende Juli bis 20. August, der italienischen Hauptreisezeit .

Anspruch

In der Rubrik ›Die Wanderung in Kürze‹ wird jeweils darauf hingewiesen, ob es sich um eine einfache (+), eine mittelschwere (++) oder eine anspruchsvolle (+++) Tour handelt. Die Bewertung umfasst technische wie konditionelle Ansprüche.

Gehzeiten

Alle in diesem Wanderführer aufgeführten Zeiten verstehen sich als reine Gehzeiten. Rechnen Sie bei der Planung einer Tour noch etwa ein Fünftel bis ein Viertel der Zeit hinzu, um Pausen, Abstecher oder ein Verlaufen zu berücksichtigen. Auch ein Wettersturz und erodierte oder abgerutschte Wege können die Wanderzeit erheblich verlängern und den Schwierigkeitsgrad der Tour erhöhen.

Ausrüstung

Auf allen Touren unentbehrlich sind feste Wanderstiefel und eine wetterfeste Jacke. In den Tagesrucksack gehören ein leichter Pullover oder Fleece-Sweater, ein Regenumhang, Proviant und eine gefüllte Wasserflasche, dazu Sonnencreme mit hohem Schutzfaktor. Steht eine Hüttenübernachtung an, sollte man neben Waschzeug auch einen leichten Hüttenschlafsack mitführen, für Biwaknächte neben Lebensmitteln auch eine kleine Taschenlampe. Teleskopstöcke bieten Sicherheit und entlasten im Abstieg die Knie.

Wanderkarten

Die Karten des IGC (Istituto Geografico Centrale) im Maßstab 1:25 000 und 1:50 000 werden leider seit Jahren nicht sorgsam nachgeführt. Die etwas zuverlässiger aktualisierten Kompass-Karten (1:50 000) haben den Vorteil, dass sie auf drei Blättern (85, 86, 87) fast das gesamte Aostatal abdecken.

Wege und Markierungen

Unsere Routen benutzen alte Saumwege und alpine Pfade, gelegentlich auch Alp- und Forstpisten; in den Tälern sind kürzere Asphalt- oder Teerstrecken unvermeidbar. Die meisten Wege sind (gelb) markiert und tragen örtliche Nummern oder die Signale durchziehender Höhenwege.

Gefahren im Gebirge

Die Region Aostatal gehört zu den höchsten der Alpen. Bei Kälteeinbrüchen kann auch mitten im Sommer einmal Schnee fallen. Bei schlechter Sicht Wiederabstieg entlang der Markierungen! Bei Gewittern unbedingt Gipfel und Grate verlassen und die Nähe von Eisen meiden! Nehmen Sie eine kauernde Haltung ein, bis der Gewitterschwerpunkt sich verlagert hat.

Notruf

Soccorso Alpino (Bergrettung):
Tel. 0165/34983
Alpines Notsignal: 6x pro Minute (alle 10 Sekunden) optisches oder akustisches Signal (Rufen, Pfeifen, Winken), dann 3 Min. Pause, dann wiederholen. Antwort: 3x pro Minute ein Signal.

Mit Bus und Bahn

Während die Eisenbahn nur im Mitteltal verkehrt, erschließt das Busnetz (mehrere Privatlinien) auch die Seitentäler. Ausgangs- und Endpunkte aller vorgeschlagenen Touren haben Busverbindung; von Aosta/Stadt selbst sind sie indes fallweise (Lys, Ayas, Champorcher, Valtournenche, Thuile, Veny, Ferret) nur zeitaufwendig mit Umsteigen zu erreichen. Empfohlen seien Quartiere in der Stille der Seitentäler.

Unseren Angaben liegen die Fahrpläne von Sommer 2000 zugrunde. Informieren Sie sich über den aktuellen Stand (Fahrplan vor dem Bushof von Aosta; *orario* am Schalter)!

SYMBOLE IN DEN KARTEN

- Hotel, Rifugio (bewirtschaftet)
- Biwak, Alphaus (unbewirtschaftet)
- Kirche
- Kapelle
- Burg, Schloß
- Höhle
- Wegkreuz
- Wasserfall
- Quelle
- Sendemast
- Parkplatz
- Bushaltestelle

Täler zwischen Berggiganten

Man hat das Aostatal mit einem liegenden Blatt verglichen und die 16 Seitentäler mit den Adern dieses Blattes. Sie laufen von Norden her, wo die Walliser (oder: Penninischen) Alpen zum Alpenhauptkamm aufsteigen und in wuchtigen Viertausendern wie Grand Combin (4314 m), Matterhorn (4478 m) und Monte Rosa (4634 m) gipfeln, und aus dem Süden, wo der Gran Paradiso (4061 m) die Grajischen Alpen dominiert, im Mitteltal zusammen, das auf etwa 1250 m Höhe unter dem Montblanc (4708 m) ansetzt und west-östlich streicht, bis es nach einer Südwendung bei Ivrea in die oberitalienische Ebene mündet.

Die beiden erwähnten Massive, Walliser wie Grajische Alpen, sind gleichartig aufgebaut aus metamorphen Gesteinen, darunter der bekannte Grünschiefer, sodass der Wanderer den Wechsel der Gebirgsgruppen nicht weiter wahrnimmt. Im Westen freilich bieten das Montblanc-Massiv und die vorgelagerte Golliat-Gruppe Granit auf, der die Wandermöglichkeiten einschränkt.

Die über 200 Gletscher des Aostatals nehmen eine Fläche von

zusammen knapp 180 km² ein. Sie sind die – ersichtlich abschmelzenden – Reste einer sehr viel großflächigeren Vereisung, die das Mitteltal einst mit einem 1000 m hohen ›Strom‹ füllte. Der Druck dieses Eisstroms behauptete sich gegen die Gletscher der Seitentäler und verwehrte es ihnen, die übliche U-Form des glazialen Trogtals bis in den Grund des Mitteltals durchzusetzen. So beginnen die Seitentäler ausnahmslos mit einer Steilstufe, mit Straßenserpentinen.

Die Hänge der Aosta-Talschaft sind bis auf etwa 1000 m mit Laubbäumen (Esche, Buche, Kastanie, Linde, Eiche), darüber mit Nadelwald (Fichten, Lärchen) besetzt. Die Waldgrenze liegt bei 2350 m – höher als sonst in den Alpen. Auch die Schneegrenze im Aostatal, das zu den inneralpinen Trockenzonen gehört und zudem von mediterraner Wärme begünstigt wird, schiebt sich während des Sommers – wohl einmalig im Alpenraum – bis 3300 m hinauf. Der Wanderer profitiert davon und findet im August und September viele Dreitausender schneefrei vor.

Während die Unterläufe der Seitentäler bis auf eine Höhe von etwa 1000 m in bescheidenem Umfang landwirtschaftlich genutzt werden, dominiert in den Talschlüssen die Weidewirtschaft (Rinder, selten Schafe). Viele Talorte unserer Wanderungen, z.B. Gressoney La-Trinité, St.-Jacques, Breuil/Cervinia, La Thuile, Valgrisenche, Rhêmes Nôtre-Dame, Gimillan und Pont, gehören zu den höchsten ganzjährig bewohnten Siedlungen Italiens.

Die Bevölkerung der Autonomen Region Aostatal konzentriert sich mit etwa 93 000 Einwohnern im Mitteltal; nur 23 000 Menschen hält es permanent in den Seitentälern, obwohl sie mittlerweile fast alle hoch hinauf durch Asphalt erschlossen sind. Lediglich die Alten, gewöhnt an harte Alpenwinter, harren dort aus, während die jungen Leute ins Mitteltal oder gleich ins großstädtische Oberitalien (Turin, Mailand) abwandern. Viele Alpen sind im Verfall begriffen, und in den Dörfern und Weilern stehen unzählige Häuser leer, aber nicht zum Verkauf. Denn im Hochsommer, um Mariä Himmelfahrt (15. August), kommen die Abgewanderten als ›Urlauber‹ in ihre Heimatdörfer zurück; dann beleben sich die Talschlüsse, öffnen sich für zwei Wochen die Fensterläden der verfallenden Steinhäuser.

Der Pass-Staat

Nach dem Mord an Caesar flüchtete Brutus im März des Jahres 44 v. Chr. mitsamt seiner Garde zunächst ins Aostatal. Aus gutem Grund. Zwar hatte Rom bereits in England und Nordafrika Fuß gefasst, doch inmitten des neuen Weltreichs wurden die Westalpen und ihre Pässe nach wie vor von unbesiegten Völkern gehalten. Ab 34 v. Chr. leiteten erste Geplänkel mit den Salassern, die seit Jahrhunderten im Aostatal siedelten, den römischen Triumph des Jahres 25 v. Chr. ein: 8000 junge salassische Männer wurden auf dem Sklavenmarkt von Ivrea *(Eporedia)* verkauft.

Das Aostatal wurde nun zum Passrevier unter römischer Hoheit, neue Straßen erschlossen die beiden wichtigen Westalpenübergänge nach Gallien und Helvetien für den Transitverkehr. Zum Großen St. Bernhard, den die Römer *Mons Poeninus* oder *Mons Jovis* nannten und mit einem Tempel, zwei Herbergen sowie einer Stallung für den Pferdewechsel ausstatteten, führte ab 12 v. Chr. der Weg über Allein *(Ad Lignum)*, Etroubles *(Stipulae)* und St.-Rhémy *(Eudracinum)*. Zum Kleinen St. Bernhard, der gleichfalls Rasthäuser und ein Passheiligtum besaß, zog man über Arvier *(Arebrisium)* im Mitteltal. Oberhalb von La Thuile haben sich Reste dieses ›Gallischen Wegs‹ erhalten, bekannt als *Vieille Route*.

Im Hochmittelalter rief die zunehmende Bedeutung der Westalpenpässe für die Rom-Wallfahrt die Kirche auf den Plan: Der mächtige Augustiner-Orden erbaute 962 auf dem Großen St. Bernhard, im 11. Jh. auch auf dem Kleinen St. Bernhard Pilgerstationen. Unterkunft und Verpflegung waren kostenlos, die Übergänge wurden mit Steinmännern und Wegstangen markiert. Benannt sind beide Pässe nach Bernhard von Aosta († 1081), der 42 Jahre lang als Generalvikar der Diözese Aosta wirkte. Papst Pius XI. erhob den Heiligen 1923 zum Patron der Bergsteiger.

Ab dem 11. Jh. bildete sich mit Savoyen ein Pass-Staat beiderseits des Westalpenkamms heraus. Ob Heinrich IV., der über den savoyischen Mont Cenis nach Canossa zog, oder der in Italien geschlagene Barbarossa – die Alpenpassage musste stets teuer erkauft werden. Natürlich strich Savoyen auch von den einfachen Händlern fette Zölle ein.

Nicht nur die beiden Bernhard-Pässe hatten historische Bedeutung: über die Fenêtre Durand (2802 m) flüchtete 1536 der Reformator Calvin, und über den Theodul-Pass (3290 m), der damals noch eisfrei war, wanderten die deutschsprachigen Walser in den Nordosten der Talschaft ein (s. S. 13).

Die berühmteste Alpenquerung der Neuzeit aber erfolgte über den Großen St. Bernhard. Mitte Mai 1800 marschierte Napoleon Bonaparte mit 40000 Mann, 300 Karren und 60 Kanonen über den noch verschneiten Pass nach Italien ein. Im Pass-Hospiz, erinnert sich der Schriftsteller Stendhal, der als Dragoner an dem Überraschungsangriff teilnahm, erhielt jeder Soldat ein halbes Glas Wein, dazu Brot und Käse.

Das heutige Aostatal ist mehr denn je vom Transitverkehr geprägt, und das im europäischen Maßstab. Immerhin liegt Genf näher als Mailand, Frankfurt am Main näher als Rom. Die aufwändige Autobahn durch das Mitteltal, ein technisches Großprojekt, mündet in den Montblanc-Tunnel. Eine Tunnelstraße ergänzt seit 1964 die traditionelle Pass-Route über den Großen St. Bernhard, und die Straße über den Kleinen St. Bernhard, einen sanften Wiesensattel, ist bestens ausgebaut. Alle anderen Seitentäler aber enden vor Bergbarrieren oder bieten nur dem Wanderer Weiterkommen. Für ihn hat das Wort ›Pass-Staat‹ eine andere Bedeutung.

Nicht nur italienisch und französisch ...

Seit Gründung der Autonomen Region im Jahre 1948 ist das Nebeneinander des Französischen und Italienischen offiziell anerkannt – das Aostatal gilt als zweisprachig. Nimmt man jedoch eine Wanderkarte zur Hand, wird man dort Gipfel namens Weiss Weib oder Hochlicht und Fluren und Orte namens Etzena oder Dzovennoz finden. In Wahrheit ist das Aostatal nämlich nicht zwei-, sondern viersprachig. Zu den Amtssprachen gesellen sich regional (Gressoney-Tal) das Walserdeutsche und als überregionale Volkssprache das Frankoprovenzalische.

Roms Sieg über die keltisch-ligurischen Salasser (s. S. 10) leitete die Romanisierung der Talschaft ein; fortan dominierte das Lateinische. Allerdings dürften die römischen Kolonisten, verdiente Veteranen des Heers, es mitnichten in ciceronischer Reinheit gesprochen haben. Im Mittelalter, als das Haus Savoyen von Chambéry her über den ›Pass-Staat‹ (s. S. 10) Aosta herrschte, setzte sich als Amtssprache das Französische in Form der *langue d'œil* durch. Das ›gemeine Volk‹ sprach jedoch ein alpenübergreifendes *patois*, das sich in Südfrankreich aus dem Vulgärlatein ent-

wickelt hatte: das Galloromanische oder Frankoprovenzalische. Die wurzeltiefe Mundart erwies sich als beständig. Bis heute ist sie in einem Raum verbreitet, der auf der französischen Alpenseite Savoyen und die Dauphiné, auf italienischem Boden neben dem Aostatal auch die südlich anschließenden Täler (u.a. Soana, Orco, Sangone) umfasst. Nicht zu vergessen die französische Schweiz, wo man im Alltag gleichfalls frankoprovenzalisch spricht.

Wenn 1921 90% der Valdostaner angaben, französisch zu sprechen, so dürften die meisten damit das frankoprovenzalische Patois gemeint haben. Die Volkssprache stand bald darauf allerdings ebenso unter staatlichem Druck wie die französische Hochsprache. Nach Mussolinis Willen sollte sein *stato totalitario* ein ganz und gar italienischer Staat sein. Ab 1925 war der Gebrauch des Französischen an den valdostanischen Schulen untersagt, und man italienisierte sogar die hergebrachten Ortsnamen: Aus Courmayeur wurde – Cormaiore, aus La Thuile – Porta Litoria. Erst das *statuto speciale* von 1948 brachte die alte Nomenklatur wieder zurück, ganz amtlich. Das Frankoprovenzalische als *lingua franca* der ›kleinen Leute‹ in den Bergtälern war ohnehin nicht wirksam zu unterdrücken gewesen.

Die neue Sprachtoleranz ließ ab 1948 auch das Deutsch der Walser wieder aufklingen, einer alemannischen Volksgruppe, die aus dem Oberwallis, das sie im frühen Mittelalter besiedelt und germanisiert hatte, zwischen 1200 und 1360 in mehreren Schüben ins obere Ayas- und Lys-Tal eingewandert war. Dort betätigten sich die Walser als Senner und Kaufleute, nicht zuletzt als Viehhändler; Hauptorte waren Sint Johan mit dem Beinamen ›de Platz‹ (heute: Gressoney St.-Jean) und Eischime (heute: Issime). Die kommerziellen Verbindungen über den Alpenkamm hinweg in die alte Walliser Heimat hatten den Gebrauch der deutschen Sprache über die Jahrhunderte wach gehalten.

In den letzten Jahrzehnten haben Walser und *patoisants* zu neuem Selbstbewusstsein gefunden und begonnen, ihr kulturelles Erbe zu pflegen. An den Schulen werden Aufsätze in Frankoprovenzalisch geschrieben, und die beiden Gressoney überraschen den Besucher mit deutschen Straßennamen. Insgesamt jedoch gewinnt im Aostatal, bedingt durch Zuwanderung aus Mittel- und Süditalien, unaufhaltsam das Italienische die Oberhand.

Der Nationalpark Gran Paradiso

Im Jahre 1820 richtete der Forstinspektor Joseph Zumstein, zuständig für die Jagdreviere um den Gran Paradiso, ein Schreiben an die savoyische Verwaltung in Turin. Inhalt der Eingabe: Man möge die Steinbockjagd unter Verbot stellen.

Der Steinbock, *Capra ibex ibex,* war um diese Zeit fast überall in den Alpen ausgerottet. Das mächtige Gehörn der männlichen Tiere war als Trophäe begehrt, dem Mehl aus den Hörnern schrieb man aphrodisische Eigenschaften zu, das Fleisch der Jungböcke galt als Delikatesse, und ein kleiner Knochen unter dem Herz des Steinbocks, das *croce del cuore,* wurde als Talisman geschätzt. Jagdverbote, erlassen etwa in Tirol oder in der Schweiz, hatten Wilderer nicht abschrecken können, und so behaupteten sich damals nur noch um den Gran Paradiso, wo abgelegenes, anspruchsvolles Gelände die Bejagung erschwerte, insgesamt etwa 200 Tiere.

Am 21. September 1821 reagierte Turin auf Zumsteins Ersuchen. Als Generalstatthalter seiner Majestät erließ der Ritter Thaon di Revel ein Dekret, dessen erster Satz sich segensreich auswirken sollte: »Von dieser Stunde an bleibt überall im Königreich die Jagd auf Steinböcke verboten.«

Freilich wollte die neue Verordnung nicht auf Naturschutz hinaus. Es ging darum, das ›gemeine Volk‹ von der Steinbockjagd auszuschließen; die sollte fortan allein den hohen Herrschaften aus Turin vorbehalten sein.

Denn seit 1814 hatte sich Sardinien-Piemont als reaktionärstes Regime Mitteleuropas profiliert, und eben im Jahre 1821 war die bürgerliche Revolution in Piemont blutig niedergeschlagen worden. Das Jagdverbot gehörte zu einer ganzen Reihe von Vorschriften, die das Volk in die Schranken weisen sollten, so als habe es die Französische Revolution nie gegeben. Gerade aber wegen des blutigen Terrors der ›Königlichen‹, die in Turin ein Todesurteil nach dem anderen vollstrecken ließen, wurde die Vorschrift eingehalten. Die Steinböcke überlebten.

Ferdinand von Savoyen, Herzog von Genua, hatte die hochherrschaftliche Steinbockjagd 1841 schätzen gelernt. Er übertrug seine Begeisterung auf den Bruder und späteren Souverän Vittorio Emanuele II., der seit 1850 Sommer für Sommer zu Jagdpartien ins Gran-Paradiso-Massiv aufbrach. 1856 wurde das Gebiet offiziell zum Königlichen Jagdrevier erklärt, und der zweite Viktor Emanuel ließ zahlreiche alpine Reitwege anlegen (s. Tour 25 und 35). Aus einer seiner Jagdstationen ging sogar eine alpine Hütte hervor: der Rifugio Sella.

Vittorio Emanuele III., der Enkel des ›Jägerkönigs‹, machte das – damals fast leergeschossene – Alpenrevier dem italienischen Staat zum ›Geschenk‹, und am 3. Dezember 1922 wurde eine Fläche von 723 km² als Nationalpark Gran Paradiso ausgewiesen – der erste Nationalpark in Italien überhaupt.

Über Jahrzehnte vernachlässigt, wird der Park seit Gründung der Autonomen Region Aostatal engagiert betreut. Heute hegen und pflegen um die 60 Parkwächter das Terrain. 4000 Steinböcke, 7000 Gämsen, unzählige Murmeltiere, dazu Füchse, Dachse, Hermeline, Steinmarder und Wiesel, vereinzelt auch Wildschweine, Wölfe und sogar Luchse haben hier sichere Heimstatt. Stolz weist die Verwaltung darauf hin, dass zum Geflügel des Reservats inzwischen auch wieder Stein- und Königsadler gehören.

Steinmänner im Nationalpark

Im ›Kleinen Walsertal‹

Von Issime durch das Tal von San Grato

Westlich Issime im mittleren Lys-Tal lag eines der Hauptsiedlungsgebiete der deutschsprachigen Walser. Durch Wald und über Weidehänge passieren wir auf alten Pfaden reizvolle Alpen mit Namen wie ›Hubal‹ oder ›Hölscher‹.

DIE WANDERUNG IN KÜRZE

++ Anspruch

5 Std. Gehzeit

1050 m An-/Abstieg

Charakter: Zielwanderung auf Pfaden, am Anfang und Ende Asphalt

Wanderkarte: IGC 1:50000, Blatt 9 (fehlerhaft und unvollständig)

Einkehrmöglichkeit: Nur in Issime (auch Lebensmittelgeschäfte)

Anfahrt: **Bus** von Aosta nach Pont St.-Martin (Fahrzeit: 1.15 Std.; empfohlen sei der 8-Uhr-Bus); Umsteigen am Zentralplatz, den **Fahrschein** nach Issime vorab im Zeitschriftenladen an der Galerie oberhalb der Durchgangsstraße kaufen; Busse nach Issime z.B. um 9.30 und 10.30 Uhr (Fahrzeit: 30 Min.) – **Rückfahrt**: Busse nach Pont St.-Martin passieren Issime um 16.10 und 17.35 Uhr, letzter Bus um 20.55 Uhr (dann jedoch kein Anschluss mehr nach Aosta). Wer mit dem **Auto** kommt, zweigt am nördlichen Dorfende von Issime (ca. 150 m nach der Kirche) links auf eine Asphaltstraße ab (bei einer Gabelung rechts halten) und fährt bis zu der Rechtskurve, in der links der Aufstieg beginnt (Wegweiser: Col Dondeuil; Parkmöglichkeit). Die Wanderung verkürzt sich dadurch um ca. 1.15 Std.

Im Zentrum von **Issime**, das die Walser *Eischime* nannten, verdient vor oder nach der Wanderung die dem hl. Jakobus geweihte Pfarrkir-

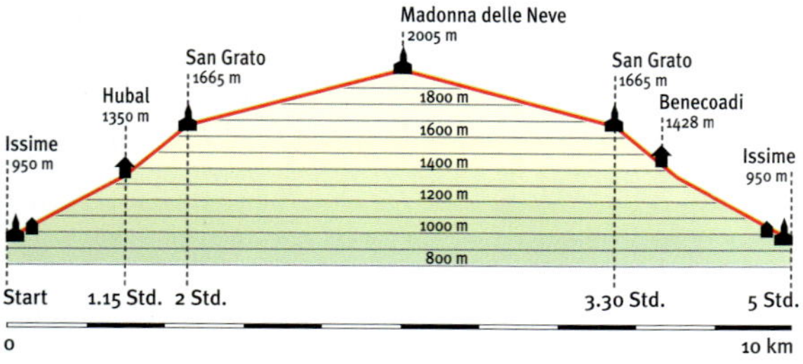

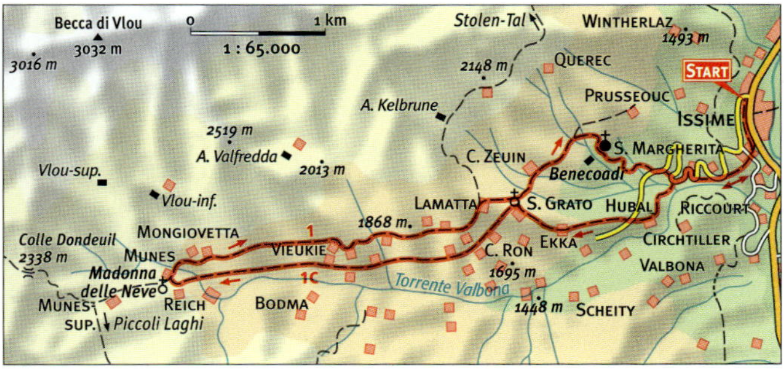

che des Dorfes Beachtung: Die eindrucksvolle Fassadenmalerei aus dem 17. Jh., das Werk eines walserischen Künstlers, bietet Motive des Jüngsten Gerichts; im Innern ein Hochaltar aus dem 17. Jh.

Unser Aufstieg beginnt gegenüber dem Gemeindehaus *(municipio)* auf der **Westseite der Talhauptstraße** (Brunnen) neben der Apotheke. Gassenartig kurz aufwärts zur alten *mulattiera*; dann links auf altem Dorfweg den Hang hinauf bis zu einer kleinen **Kapelle**; dort die schmale Straße aufwärts überqueren und weiter bergan, bald links vorbei an der Kurve der Asphaltauffahrt. Wir folgen stets der *mulattiera* und queren die Asphaltstraße dabei dreimal. Bei der vierten Asphaltberührung zweigt oberhalb der letzten Häuser in einer auffällig breiten **Rechtskurve** links Pfad Nr. 1 ab (Wegweiser zum Dondeuil-Pass, hölzerne Bachbrücke; 35 Min.).

Wir gehen nun den mittleren der drei alten Wege, die einst das ›Kleine Walsertal‹ erschlossen. Auf dem nördlichen Weg werden wir zurückkehren; dagegen ist der in der IGC-Karte verzeichnete Südweg (über die Alpen Scheity und Bodma) ab Circhtiller zugewachsen! Es geht steil aufwärts, über viele Steinstufen und durch dichten Wald zum verlassenen **Gehöft Hubal** (1.15 Std.) mit sechs Bauten. Weiter aufwärts durch Mischwald zu einer Pfadgabel (hier links halten!) und kurz darauf auf eine Piste hinaus.

Auf der anderen Seite, etwas rechts, steigt man über eine Rampe zur Fortsetzung des Pfades oberhalb der Straßenböschung auf und passiert in unverändert steilem Aufstieg auf einem Kamm weitere Walseralpen, eine davon neu ausgebaut. Schließlich öffnet sich Almgelände, und oberhalb wird die **Kirche San Grato** sichtbar, Zentrum eines almerischen Streuweilers (2 Std.).

Wir steigen in der bisherigen Richtung weiter auf. Bald eine Pfadgabel. Nehmen Sie Pfad 1C nach links, der gut ausgebildet ist und an mehreren Alpen vorbeizieht. Nach reichlich 1 Std., zuletzt die **Alpe Reich** passierend, treffen Sie bei der kleinen, leider verschlossenen **Cappella Madonna della Neve** von 1660 im Bereich der **Alpe Munes** oder **Müni** ein (3 Std.).

Zu ihr ist auch Pfad 1 aufgestiegen, den wir zur Rückkehr durch zunächst einsames Gelände mit vielen Sturzblöcken und einer kleinen morastigen Ebene benutzen. Dann wieder zahlreiche Alpen mit seltsamen Namen wie **Kekkeraschjatz.** Zuletzt wird der Kirchturm von San Gra-

Alte Walsertraditionen bestimmen die Holzarchitektur im Tal von San Grato

to zum zweiten Mal sichtbar (3.30 Std.).

Ca. 30 m **oberhalb der Kirche** zweigt – der Ansatz auf ca. 1675 m Höhe ist undeutlich, ein Wegweiser fehlt – ein Wiesenpfad zur nördlichen Talseite ab, wo man an den Hängen etliche **stattliche Walserhäuser** erkennt. Bald tauchen vereinzelte gelbe Marken auf. Wer sich die Holzarchitektur näher ansehen will, geht nach einer Minute bei einer Gabelung links. Sonst rechts, wo sich unser Pfad – mit der sporadischen Markierung A – in eine *mulattiera* verwandelt. Es handelt sich um den alten Hauptweg des ›Kleinen Walsertals‹, mit Abzweigen zu einzelnen Häusern.

Gut gebahnt durch ein Blockfeld, danach in vielen Kehren und meist im Baumschatten. Weiterhin Alpbauten am Weg, auf 1428 m Höhe etwa das **Gehöft Benecoadi**. Auf ca. 1340 m Höhe ist die Asphaltstraße erreicht (4.15 Std.).

Wir folgen ihr nach links abwärts, wobei zweimal auf der rechten Straßenseite erhaltene Passagen der alten *mulattiera* (weiße Pfeile!) Abkürzungen lang gezogener Asphaltschleifen erlauben. Übrigens ist die Straße, außer an Wochenenden, kaum befahren. In einer scharfen Linkskurve dann die Stelle, wo wir vormittags auf den Pfad abgezweigt sind (und wo möglicherweise Ihr Wagen abgestellt ist).

Der weitere Abstieg auf Partien des alten Muliwegs hinunter nach **Issime** entspricht dem Anweg (knapp 5 Std.).

Auf dem Walserpfad

Von Gressoney La-Trinité nach Gressoney St.-Jean

Durch Wald hinauf in sanfte, aussichtsreiche Almlandschaft. Hier, auf der Westseite des Gressoney-Tals, lernen Sie in alten Weilern die typische Holzarchitektur der Walser kennen – eine kurze, aber sehr lohnende Tour.

DIE WANDERUNG IN KÜRZE

+ Anspruch

2.45 Std. Gehzeit

250 m Anstieg

450 m Abstieg

Charakter: Einfache Streckenwanderung auf Alppfaden

Wanderkarten: IGC 1:25 000, Blatt 109; Kompass 1:50 000, Blatt 88; IGC 1:50 000, Blatt 5

Einkehrmöglichkeiten: Gressoney La-Trinité, Rifugio Alpenzu, Chemonal: Hotel Villa Tedaldi, Gressoney St.-Jean

Anfahrt: Bus von Aosta nach Pont St.-Martin (Fahrzeit: 1.15 Std.); Umsteigen am Zentralplatz, den **Fahrschein** nach Issime vorab im Zeitschriftenladen an der Galerie oberhalb der Durchgangsstraße kaufen; Busse nach Gressoney z.B. um 9.30 und 10.30 Uhr (Fahrzeit: 1.10 Std.) – **Rückfahrt:** Die Busse nach Pont St.-Martin passieren Chemonal um 13.20, 15.40, 17.05 und 20.25 Uhr (letzter Bus; dann kein Anschluss mehr nach Aosta). Mit dem **Auto:** Parkmöglichkeit nahe der Kirche

Zwar bemüht man sich in Gressoney St.-Jean (walserisch: Sent Johan bzw. De Platz) und La-Trinité (walserisch: Driifaltigkit) darum, die alte Deutschsprachigkeit im oberen Gressoney-Tal den italienischen Gästen – als Kuriosum und Attraktion – schmackhaft zu machen, in Wahrheit sprechen indes nur noch wenige Älpler das Walser-Idiom. Erhalten hat sich jedoch einiges vom architektonischen Erbe der Walser, und der schöne Weg, der hier beschrieben wird, führt durch zwei alte Walserweiler im obersten Gressoney-Tal. Schautafeln am Weg erläutern die traditionellen Wirtschafts- und Lebensformen.

Kurz vor **Gressoney La-Trinité** gabelt sich auf ca. 1625 m Höhe die Asphaltstraße. Links geht es zur 100 m entfernten Kirche (dort eine Bushaltestelle), rechts zieht die Strada Statale 505 weiter. An dieser Straßengabel setzt der Walserpfad ein (Markierung: W, anfangs auch 10A; Wegweiser; Rastbank).

Über eine Wiese nach Südwesten in den von Lärchen geprägten Mischwald. Ein holpriger Pfad zieht aufwärts; einige hohe Tritte. Nach einer Viertelstunde gesellt sich von links eine weitere Spur hinzu. An Sturzblöcken vorbei über grüne Hänge, vorbei auch an den Ansätzen der

Der Walserweiler ›Klein-Alpenzu‹

Pfade 10B und 11, die von links kommen und unseren Weg kurz darauf nach rechts wieder verlassen. Zuletzt trennt sich Pfad 10A von unserem *Sentiero Walser*. Ein **Marterl** mit deutscher Inschrift erinnert an ein Lawinenunglück im Jahre 1903, dem ein Walsermädchen zum Opfer fiel. Der Pfad ebnet sich danach, und wenige Minuten später liegt der Weiler **Alpenzu Piccolo** (Lecko Alpenzu; ›Klein-Alpenzu‹) vor uns, in dem Anfang des 20. Jh. noch neun Familien ganzjährig wohnten (40 Min.; Informationstafel).

Über den Bach, durch das Maiensäss, die Höhensiedlung, die auch eine kleine Kapelle und einen Brunnen besitzt, und hinaus auf schöne Almlehnen. Etwa 100 m weiter südlich eine verlassene Häusergruppe. Ungefähr hier steigt Pfad 7A links ab; wir halten uns jedoch an die W-Markierung, passieren einige Stadel und queren in einer Hangsenke auf zwei Stegen Gerinne des **Rio Montil,** des Hauptbachs des Vallone di Pinter (s. Tour 3, S. 26).

Bald danach verliert unser Pfad (der sich mit Pfad Nr. 7 verbunden hat) um die 60 Höhenmeter; bei einer Hausruine geht es dann wieder aufwärts und bald aus dem Wald hinaus auf neue Weidelehnen (1.15 Std.).

In leichtem Auf und Ab hinüber zum nächsten Walserweiler, ›Groß-Alpenzu‹, der im Vorblick einen

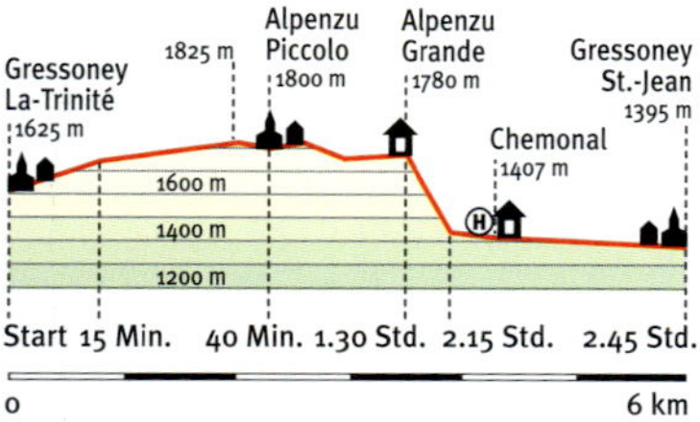

Bergsporn besetzt. Zuvor noch an weiteren Alphäusern vorbei. **Alpenzu Grande** (Grosso Albezö; Alpenzu Grosso) ist bis heute ganzjährig bewohnt. Die Eröffnung einer Berghütte (Rifugio Alpenzu) als Station am Höhenweg Alta Via 1 hat dem Weiler seit 1990 neues Leben gebracht, und auch die Margaretenkapelle ist ab und an wieder zum Gottesdienst geöffnet. Viele der typischen hölzernen Walserhäuser wurden renoviert, die Wasserleitungen jüngst erneuert (1.30 Std.).

Wir verlassen nun den Walserpfad. Zwischen Häusern hindurch südwärts auf eine absinkende *mulattiera* und geleitet von den Alta-Via-Dreiecken am Weidehang entlang zum Waldsaum, wo ein Bach fließt. Nun links haltend recht steil abwärts über einen Kamm. Auf 1670 m Höhe unter der **Materialseilbahn** von Alpenzu hindurch und bald darauf nach links, den Bach auf einem Holzsteg querend und an einem frommen Schrein vorbei. Der gute, breite Pfad läuft schließlich auf ein **Teersträßlein** oberhalb der *Strada Statale* hinaus (2.15 Std.).

Bis zur Bushaltestelle **Chemonal** (walserisch: Tschemenoal) sind es nach rechts noch ca. 5 Minuten; wer nach St.-Jean will, nimmt in Chemonal am besten den Abzweig von der Hauptstraße nach links/ostwärts, überquert die Lys (Brücke) und hält danach auf einer Piste rechts, also südwärts. Zuletzt über eine Holzbrücke ins Zentrum von **Gressoney St.-Jean** (2.45 Std.).

Bleibt noch Zeit vor der Busabfahrt, sollten Sie einen Blick auf den Friedhof im Ortszentrum mit seinen alten Walser-Grabsteinen werfen.

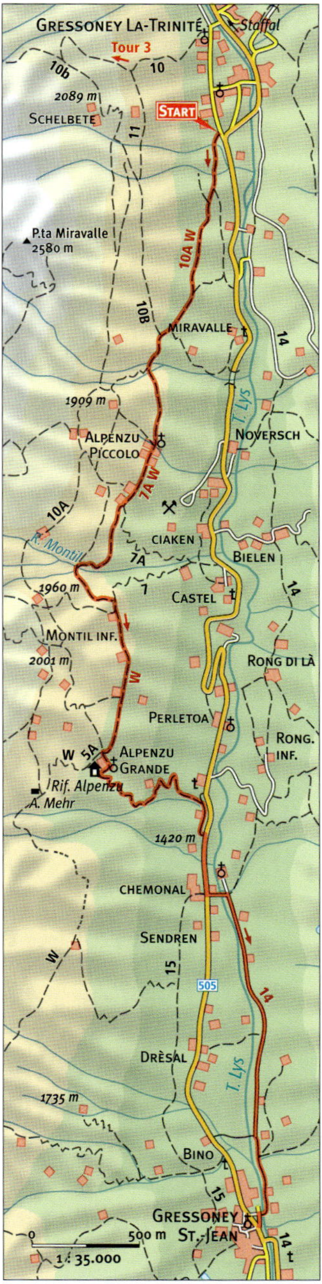

Tour 3

Aufs graue Haupt der Testa Grigia

Hoch hinauf von Gressoney La-Trinité

Stolze 3313 m steigt sie aus dem Kamm zwischen Lys- und Ayas-Tal auf, die Testa Grigia. »Grauhaupt« nannten die Walser den Gipfel, der an klaren Tagen ein einzigartiges Panorama vom Monte Viso bis zum Ortler bietet.

DIE WANDERUNG IN KÜRZE

+++ Anspruch

9 Std. Gehzeit

1700 m Anstieg

1900 m Abstieg

Charakter: Hochalpine anspruchsvolle Tour auf Bergpfaden; Trittsicherheit erforderlich; nur bei sicherem Wetter aufbrechen!

Wanderkarten: IGC 1:25 000, Blatt 109; Kompass 1:50 000, Blatt 87 oder 88; IGC 1:50 000, Blatt 5

Einkehrmöglichkeiten: Gressoney La-Trinité (auch ein Lebensmittelladen) Rifugio Alpenzu, Chemonal, Gressoney St.-Jean

Anfahrt: Bus von Aosta nach Pont St.-Martin (Fahrzeit: 1.15 Std.); Umsteigen am Zentralplatz, den **Fahrschein** nach Issime vorab im Zeitschriftenladen an der Galerie oberhalb der Durchgangsstraße kaufen; Busse nach Gressoney z.B. um 9.30 und 10.30 Uhr (Fahrzeit: 1.10 Std.) –

Rückfahrt: Busse nach Pont St.-Martin passieren Chemonal um 8.25, 10.05, 12.30, 13.20, 15.40, 19.05 Uhr, letzter Bus um 20.25 Uhr (dann jedoch kein Anschluss mehr nach Aosta). Mit dem **Auto:** Parkraum in Gressoney La-Trinité entlang der Durchgangsstraße oder am Platz westlich der Kirche. Rückfahrt mit dem Bus von Chemonal nach La Trinité um 17.25 oder 19.50 Uhr.

Zwei-Tage-Tour: Wer diese lange Tour auf 2 Tage aufteilen will, kann im Rifugio Alpenzu (Vorbuchung ratsam: Tel. 0125/35 58 35) oder im Bivacco Ulrich Lateltin übernachten (20 Lager, Kochmöglichkeit/Gas). Kein Wasser in Biwaknähe, unbedingt eine zweite gefüllte Wasserflasche mitführen.

Unsere Wanderung beginnt im Ortsteil Onderwalden von **Gressoney La-Trinité**. Wenn Sie mit dem Bus angefahren sind, können Sie gleich an der ersten Haltestelle nahe der Kirche aussteigen und, vorbei am Touristenbüro, auf eine aufgelassene Kapelle nahe dem Lebensmittelladen Welf zuhalten; oder Sie nehmen die Haltestelle bei den Hotels im ›oberen‹ Ortsteil Edelboden und queren die dortige Lys-Brücke zum Ansatz des Wanderwegs. So oder so benötigen Sie nur wenige Minuten.

Staffal
Hoggen Stein
2313 m
Testa Grigia
3313 m
2750 m
10
9-14
START
Gressoney
La-Trinité
Edelboden
Onderwalden
Ex-Cozzi
10C
6-10C-11A
2686 m
2089 m
10B
Schelbete
11
14
M. Pinter
3132 m
Biv. Lateltin
3100 m
Tour 2
P.ta Miravalle
2580 m
Cuneaz
Crest
6-11A
Colle Pinter
2777 m
M. Tijatz
2887 m
Walserpfad
10A-W
10B
Miravalle
2470 m
1909 m
T. Lys
Pso. di Mascognaz
2859 m
2362 m
Alpenzu
Piccolo
Noversch
7A-W
Montil sup.
A. Loage sup.
Vallone di Pinter
R. Montil
A. Loage
10a
Ciaken
Bielen
7A
6
1960 m
Castel
A. Loage inf.
Corno Vitello
3057 m
Montil inf.
2001 m
Rong di là
5B
Walserpfad
W
2442 m
Perletoa
Rong. inf.
W
5A
Alpenzu
Grande
5A
Pso. di Valfredda
2805 m
Rif. Alpenzu
A. mehr
5A
A. Valfredda
1420 m
W
Chemonal
5-5C-5D
Sendren
Texel Horn
2648m
15
505
14
2712 m
Pso. Valnera
2676 m
W
Drèsal
5-105
T. Lys
Pta. Valnera
2754 m
1735 m
A. Valnera di sopra
Bino
A. Valnera
di mezzo
105-W
15
6A
Li. d'Estoul
Gressoney
St-Jean
4A-105
14
Pso. della Bocchetta
2526 m
2065 m
0
500 m
1 : 40.000
6B
A. Ronchi

Der Wegweiser neben der **Kapelle** nennt zwar das Ziel, verschweigt aber die Länge der Tour. Auf einer Graspiste geht es (Weg Nr. 10) über einige Dutzend Meter an den Bergfuß heran; dort zieht uns ein schmaler Pfad nach rechts in den Mischwald. Im Baumschatten aufwärts, nicht sonderlich steil. Nach Passage einer Lichtung mit den **Resten einer Materialseilbahn** ist der Pfad mehr und mehr der Sonne ausgesetzt. Eine kurze, unproblematische Schotterpassage kündigt die erste Weggabel an; links ginge es hier mit Pfad 11 hinüber nach Alpenzu Piccolo (s. Tour 2); uns führt die 10 dagegen nach rechts unter Felsklippen, die umgangen werden (50 Min.).

Bald darauf bleibt der Wald zurück, zunehmend prägen Weidehänge mit freierer Aussicht die Wanderung. Weiterhin mäßig steil aufwärts. Noch einmal, auf ca. 2115 m Höhe, zweigt – für uns wiederum irrelevant – ein unbezeichneter Pfad links, also südwärts ab, hinüber nach ›Klein-Alpenzu‹.

An einer besonders kalten Quelle (mit Rohrstutzen) vorbei. Lawinensperren, mit denen sich Gressoney La-Trinité zu schützen sucht, besetzen die Steilhänge zur Linken. Rechts haltend und Bachläufe querend erreichen wir über Graslehnen bequem die letzte Weggabel, an der wir uns von Pfad 10 trennen und mit **Pfad 10C**, nahe dem zuletzt gequerten Bach, steiler aufwärts steigen. Haben Sie Acht, den Abzweig nach links nicht zu verpassen! Ein Wegweiser fehlt, die Pfadtrennung ist auf einem Steinblock (»10C; Ex-Cozzi«) verzeichnet (1.30 Std.). Übrigens würde man geradeaus in das Weidegelände der alten Walseralpe Hoggen Stein und zum Kleinen Rothorn gelangen.

Auf ca. 2550 m Höhe hat man in einer **Steilstufe,** eher übervorsorglich, Stahlseile im plattigen Fels verankert. Ist der kurze Aufstieg über griffiges Gestein bewältigt, zieht der Pfad flacher über Wiesen nach links, also annähernd südwärts, zu den **Resten des Bivacco Virgilio Cozzi** auf 2750 m Höhe. Geblieben sind von der orangefarbenen Halbtonne nur die Bodenplatte und zwei Rastbänke; alles Übrige ist Anfang der 80er Jahre einem Wintersturm zum Opfer gefallen. Das Angebot, sich auf einer der Bänke niederzulassen, nimmt man gern an, denn die Aussicht auf

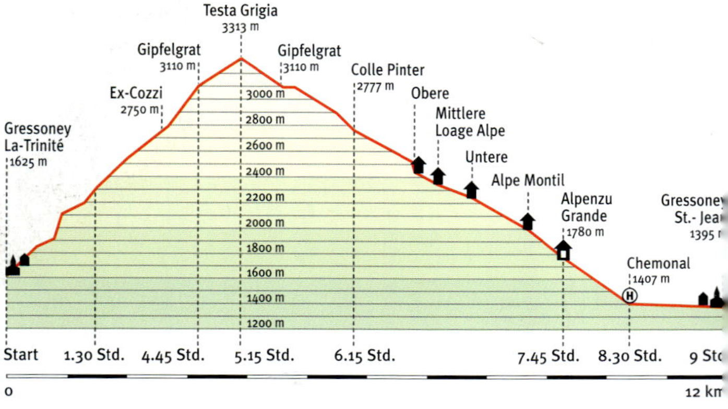

Am Gipfel der Testa Grigia

die eisige Kette der 4000er im Talschluss ist eindrucksvoll genug (3.15 Std.).

Jenseits des »Ex-Cozzi« wird das Gelände anspruchsvoller. Nach einer Bachquerung – letzte Möglichkeit, die Wasserflasche aufzufüllen! – geht es deutlich steiler empor, zunächst über eine klippenartig vorspringende Geländestufe, dann über Schotter und Blockwerk, wobei auch ältere Markierungen auftauchen (rotes Kreuz auf weißem Grund). Der Felsaufbau des Grates zwischen Monte Pinter und Testa Grigia rückt näher, die Höhenmarke 3000 wird überschritten. Auf den letzten ca. 60 Höhenmetern erfordert der Steig in sehr steilem Anstieg, bei dem auch die Hände zum Einsatz kommen, volle Konzentration – dann ist auf ca. 3110 m Höhe der **Gipfelgrat** erreicht (4.45 Std.).

Wahrscheinlich waren Sie im Aufstieg allein, denn trotz aller landschaftlichen Vorzüge wird Pfad 10/10c, zweifellos die schönste Aufstiegsroute, wenig begangen – die 1700 Höhenmeter bis zum Gipfel schrecken ab. Die meisten ›Gipfelstürmer‹ – und an sonnigen Sommerwochenenden können das durchaus zwei Dutzend sein – sind aus dem Ayas-Tal mit Seil- und Sesselbahn bis ca. 2420 m Höhe aufgefahren und danach über den Pinter-Pass aufgestiegen. Womöglich ist es nun also vorbei mit der Bergeinsamkeit.

Wer eine Übernachtung im – bereits sichtbaren – **Bivacco Lateltin** plant, geht nun am besten zunächst nach links, um den Rucksack dort abzulegen. Die silbrige Halbtonne, 1984 als Ersatz für den Cozzi-Biwak erbaut, liegt nur wenige 100 m entfernt, ca. 10 m unter dem Gipfel des Monte Pinter (3132 m; Sendeinstallation); man braucht um die 10 Minuten dorthin. Von der Halbtonne, die auf einer Klippe (mit Kreuz) steht, genießt man Tiefblicke ins mittlere Gressoney-Tal.

Wir halten nach rechts auf gut ausgetretenem, zunächst nur leicht ansteigendem Pfad Richtung Testa Grigia. Nach dem ersten kettenversicherten Aufschwung im Fels (knapp 2 m) verläuft der Pfad ein kurzes Stück exponiert über ein Band auf der Ostseite des Grates; schließlich gelangt man mit Hilfe einer weiteren Kettensicherung ohne nennenswerte Probleme hinauf zum geräumigen

Gipfel der **Testa Grigia** (amtliche Höhe: 3313,1 m). Ein aufgemauerter Steinmann trägt die auf Aosta-Gipfeln fast obligatorische Madonnenstatue; zudem hat man eine kleine Glocke verankert (5.15 Std.).

Der erste, der nach Aufstieg über den Pinter-Pass auf diesem Gipfel stand – dem höchsten in der Kette zwischen Ayas- und Lys-Tal – und die prächtige Aussicht u.a. auf Gran Paradiso und Montblanc genoss, war 1858 der Abate Gorret; der erste Aufstieg von Norden her gelang 1873.

Der Abstieg zum Grat entspricht dem Aufstieg. Im Südwesten sieht man dabei die grünen und blauen ›Augen‹ der Pinter-Seen und des Lago Perrin (s. Tour 6). Am Kamm schlagen Sie Pfad Nr. 6 ein, der einige Minuten vor dem Biwak halbrechts beginnt. Er verläuft zunächst zahm abwärts, führt aber zwischen ca. 3050 und 2950 m Höhe über eine schottrig-erodierte Steilstufe. Danach wieder mäßiger steil und ohne weitere Schwierigkeiten hinunter zum **Colle Pinter** (6.15 Std.).

Der traditionsreiche Pass (2777 m), bekannt auch als Pinterjoch oder Col du Cuneaz, vermittelte über Jahrhunderte zwischen den oberen Walsersiedlungen im Ayas- und im Gressoney-Tal. Die Wegweiser-Spinne auf der Passhöhe gibt bis Gressoney St.-Jean eine Gehzeit von 3.30 Std. an; auf dem gut ausgebauten und klar markierten Abstiegspfad braucht man indes über eine Stunde weniger.

Es geht nach Südosten abwärts durch den **Vallone di Pinter;** die 6 bleibt dabei die lokale Pfadnummer, zusätzlich begleiten uns die Dreiecke der Alta Via 1. Über mehrere Geländestufen – die erste Abflachung auf ca. 2640 m, die erste Querung des sich herausbildenden Montil-Baches auf ca. 2530 m – geht es hinunter zur **oberen Loage-Alpe**, die man rechts liegen lässt, und nach weiteren Bachüberschreitungen zur **mittleren Loage-Alpe** (Brunnen). Beide werden sie bis etwa Ende August zur Sömmerung benutzt. Bei der **unteren Loage-Alpe,** einem einfachen Steinbau, zieht unser Pfad stärker nach rechts in blockigeres Gelände. Auch auf der linken Seite des Vallone erkennt man an den grünen Lehnen Alpbauten. Bald nachdem unser Pfad den obersten Waldsaum berührt, geht es über eine weitere Steilstufe zur Häusergruppe der **Alpe Montil** (Brunnen) hinunter und weiter recht steil abwärts nach **Alpenzu Grande,** wo der Rifugio Alpenzu Unterkunft und Verpflegung bietet (7.45 Std.).

Zwischen Häusern hindurch südwärts auf eine absinkende *mulattiera* und geleitet von den Alta-Via-Dreiecken am Weidehang entlang zum Waldsaum und über einen Bach. Nun links haltend recht steil abwärts über einen Kamm. Auf 1670 m Höhe unter der **Materialseilbahn** von Alpenzu hindurch und bald darauf nach links, den Bach auf einem Holzsteg querend und an einem frommen Schrein vorbei. Der gute, breite Pfad läuft schließlich auf ein **Teersträßlein** oberhalb der *Strada Statale* hinaus (8.30 Std.).

Bis zur Bushaltestelle **Chemonal** nahe dem Hotel Villa Tedaldi sind es nach rechts noch ca. 5 Minuten; wer nach St.-Jean will, nimmt in Chemonal am besten den Abzweig von der Hauptstraße nach links/ostwärts, überquert die Lys (Brücke) und hält danach auf einer Piste rechts, also südwärts. Zuletzt über eine Holzbrücke ins Zentrum von **Gressoney-St.-Jean** (9 Std.).

Ein deutsch-italienischer 3000er

Von Staffal auf den Gipfel des Hochlicht

Die Alta Luce, von den Walsern Hochlicht genannt, ist der südlichste Gipfel auf dem von der Vincent-Pyramide herabstreichenden Monte-Rosa-Grat. Wir besteigen den leichten Dreitausender im Zuge einer großzügigen Runde.

DIE WANDERUNG IN KÜRZE

++
Anspruch

6.15 Std.
Gehzeit

1400 m
An-/Abstieg

Charakter: Hochalpine mittelschwere Rundwanderung auf Bergpfaden; nur bei sicherem Wetter aufbrechen!

Wanderkarten: IGC 1:25 000, Blatt 109; Kompass 1:50 000, Blatt 87; IGC 1:50 000, Blatt 5

Einkehrmöglichkeiten: Staffal: Hotelbars und Einkaufsmöglichkeit

Anfahrt: Bus von Aosta nach Pont St.-Martin (Fahrzeit: 1.15 Std.; empfohlen sei der 8-Uhr-Bus); Umsteigen am Zentralplatz, den **Fahrschein** vorab im Zeitschriftenladen an der Galerie oberhalb der Durchgangsstraße kaufen; Busse nach Staffal (Endhaltestelle) u.a. um 8.30, 9.30 und 10.30 Uhr; Fahrzeit ca. 1.15 Std. – **Rückfahrt:** Busse um 16.50 oder 20.10 (letzte Verbindung nach Pont St.-Martin; dann kein Anschluss mehr nach Aosta). Mit dem **Auto:** viel Parkraum am Zentralplatz

Mit dem Vortrieb des Asphalts von Gressoney La-Trinité her und dem Bau von Seil-/Sesselbahnen zum Colle di Bettaforca im Westen und zum Lago Gabiet wie zum Passo di Salati im Osten ist Staffal (Staval) in den letzten Jahrzehnten zu einem Zentrum des Wintersports geworden. Der Name dieses – administrativ – höchsten Ortsteils von La-Trinité stammt aus dem Walserdeutschen, denn wir befinden uns hier im alten Siedlungsraum der ›Alpenalemannen‹.

Alles gruppiert sich in **Staffal** um einen großen Asphaltplatz, wo auch der Bus seine Endhaltestelle hat. Wir gehen über die Flussbrücke zum Nordende des Asphalts, wo bei einem Wegweiser auf der Ostseite der Lys unsere Wanderung auf breiter Piste beginnt (7, 7C). Bald weiter auf einem Pfad – zur Linken, jenseits des Flusses, das Hotel Monboso – und durch blockdurchsetztes Terrain aufwärts. Ein weißer Alpbau im Norden, die **Alpe Cortlys,** gibt die Richtung an.

Zwei Dutzend Meter vor der Alpe gabelt sich der Pfad; hier rechts halten (30 Min.). In der Folge durch Wald und Buschwald am **Westhang der Punta Telcio** zur Rechten aufwärts, bis offenes Terrain erreicht ist.

Achtung nun: Die folgende Pfadgabel ist leicht zu übersehen! Auf ca. 2175 m Höhe setzt unser Pfad über einen schmalen, steingefassten **Kanal,** der ein Rinnsal vom Hang zur Rechten ableitet. Kurz darauf rechts mit Pfad 7C abzweigen – geradeaus führt Pfad Nr. 7 zu den Lys-Quellen. Nach wenigen Metern bestätigen Schriftzüge auf einem Fels die Wegwahl (50 Min.).

Es geht über aussichtsreiche Weidehänge in vielen Kehren ostwärts in den Vallone di Salza hinein. Von den Höhen des Monte-Rosa-Massivs weht häufig ein starker, frischer Wind. Plastikplanen bezeugen, dass die halb verfallene **untere Alpe Salza** noch als Station benutzt wird (1.15 Std.).

Unser Pfad zieht nun steiler an. Ein Wiesengrund auf ca. 2680 m Höhe bietet sich an zur letzten Rast vor dem gerölligen, feuchtgrundigen Aufschwung zum **Colle Salza** (Soalzecoll; knapp 3 Std.).

Vom Pass nach Norden (weiterhin 7C) steil einen schmalen Rücken hinauf. Im letzten Aufstieg bestimmt ab einer Geländeschulter plattiges Gestein das Landschaftsbild; die Pfadspur ist nun nicht mehr so steil. An den Resten des **Bivacco Passera** (Grundmauern, verrostete Gasflaschen etc.) und an einer Gedenkglocke des *Soccorso Alpino* vorbei zum **Hochlicht-Gipfel** (3185 m). Prachtaussicht auf die Südfront des Monte-Rosa-Massivs (3.45 Std.).

Nach der Gipfelrast auf dem Anstiegsweg zurück bis zum **Colle Salza,** einem alten Walserpass, der zur Direktroute zwischen Ayas-Tal und Macugnaga gehörte (4.20 Std.). Am Pass ist eine Verbindung zum Pfad 6A Richtung Rifugio Città di Mantova markiert. Man könnte sie benutzen, müsste dann aber zunächst wieder in den Anstieg. Einfacher ist es, weglos in die kleine Senke östlich abzusteigen und von dort halblinks den steinigen Hang zu queren, über den Wasser in dünner Kaskade abfließt. Nun über noch ca. 100 m auf auffällige grün-graue Felsen zu und über weitere Wasserrinnen unterhalb der Felsen in das Weidegelände weiter östlich, wo man wieder auf **Pfad 6A** stößt und ihm nach rechts folgt (4.30 Std.; wer den markierten Verbindungsweg nimmt, braucht 20–30 Min. länger).

Unser Abstiegspfad ist holprig und stark ausgetreten, quert einen Bach (Abfluss der Wässer aus den Osthängen der Punta Telcio), zieht durch blockiges Weidegelände, quert einen weiteren Bachgrund und geht danach kurz in den Gegenaufstieg (ca. 25 Höhenmeter). Unter-

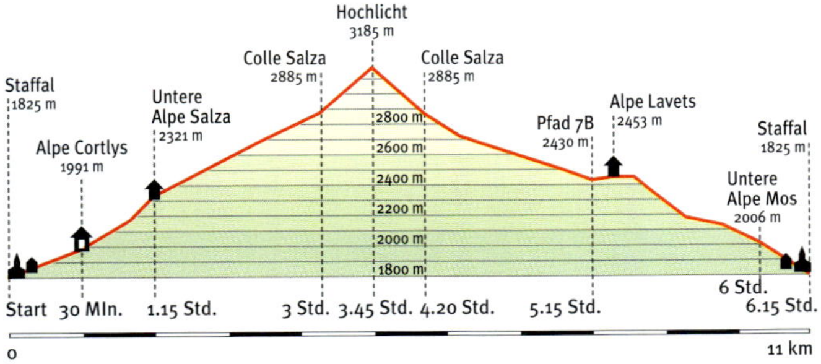

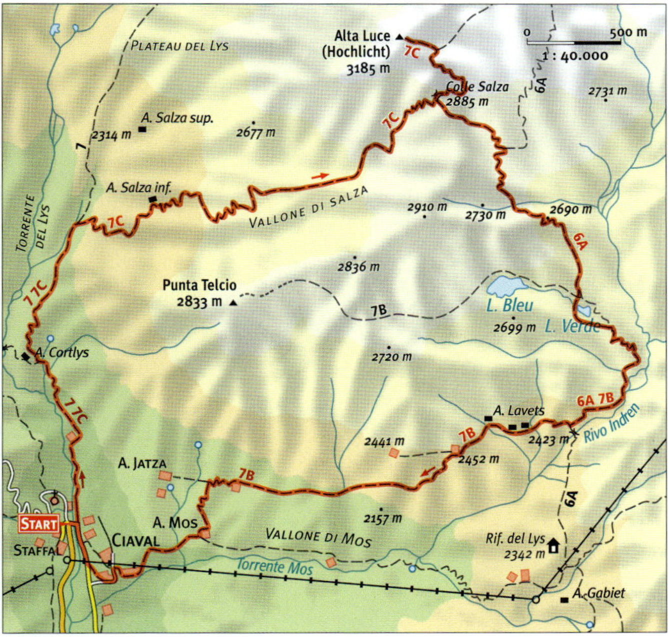

dessen weitet sich die Aussicht nach links eindrucksvoll auf die Südseite des Monte Rosa. Unterhalb sieht man den Lago Verde liegen; sichtbar werden aber auch die diversen Lift- und Seilbahninstallationen im Bereich des Lago Gabiet. Der Abstieg setzt sich fort (steinig-felsiger Pfad; weiterhin 6A) hinunter in eine Weideebene, auf deren rechter Seite – die Richtung schwenkt von Südost auf Süd – wir nach ca. 150 m eine **Talenge des Indren-Baches** erreichen. Die Testa Grigia liegt nun im Vorblick. Bald darauf eine Pfadgabel **(Achtung!** Markierungen auf einem Felsen). Hier verlassen wir Pfad 6A und nehmen Pfad 7B, der rechts/westwärts über die Sonnenhänge des **Vallone di Mos** zieht (ca. 2430 m; 5.15 Std.).

In leichtem Auf und Ab zunächst zur **Alpe Lavets** (2453 m) und von dort zu einem ca. 50 m entfernten zweiten Alpbau hinüber. Unterhalb einer dritten Alpe wird ein Bach gequert. Bald darauf steigt der nun schmale Pfad in Serpentinen steiler durch Gras und Fels ab. Geröllhalden werden elegant gequert, und nach einer Traverse unterhalb von Klippen (der Punta Telcio, die wir umwandert haben) erreichen wir auf ca. 2180 m Höhe die ersten Lärchen. Längst ist Staffal unten im Tal sichtbar. Weiter abwärts durch ein Nebentälchen am Bergfuß und über einen von Viehhufen zertretenen Steilhang mit künstlicher Quelle, dann links haltend (also nicht geradeaus zur Alpe Jatza!) und in weiter steilem Abstieg an einer Baumgruppe vorbei, zuletzt zwischen Feldmauern zur **unteren Alpe Mos** mit Pistenzufahrt (6 Std.).

Auf der stabilen Piste nach rechts, bis uns Pfad 7A links auf den Wie-

Im Abstieg vom ›Soalzecoll‹ auf der Südseite des Monte-Rosa-Massivs

senhang zieht und wir die Asphaltstraße des Ortsteils **Tschaval** (Ciaval) erreichen. Auf ihr hinunter zur Staatsstraße und rechts/aufwärts zum Zentralplatz von **Staffal** mit der Bushaltestelle (6.15 Std.).

Zur weißen Madonna

Von Antagnod auf den Monte Zerbion

Der Zerbion ist ein berühmter Aussichtsberg mit 360-Grad-Panorama und 2220m-Tiefblick ins Mitteltal. An sonnigen Sommerwochenenden unternehmen ganze Wandererscharen die Prachttour zur Madonnenstatue, die den Gipfel überragt.

DIE WANDERUNG IN KÜRZE

++ Anspruch

4.45 Std. Gehzeit

1100 m An-/Abstieg

Charakter: Mittelschwere Zielwanderung auf Bergpfaden und Pisten

Wanderkarten: IGC 1:25 000, Blatt 108; Kompass 1:50 000, Blatt 87; IGC 1:50 000, Blatt 5

Einkehrmöglichkeiten: Bars und Restaurants in Antagnod; im Juli und August ein Ausflüglerlokal in Barmasc

Anfahrt: Mit dem **Bus** von Aosta nach Verres/Pensilina (1 Std.); dort umsteigen nach Champoluc/Chiesa (1 Std.); dort nochmals umsteigen nach Antagnod (15 Min.). Möglicher Zeitplan: 8 Uhr ab Aosta, 9.10 ab Verres, 11.50 (!) ab Champoluc. Mit dem **Auto** sollten Sie über Antagnod gleich bis zum großen Parkplatz beim Weiler Barmasc auf ca. 1910 m Höhe auffahren (der Pfad zu Pass und Gipfel beginnt am Südende des Parkplatzes; dort auch Trinkwasser); die Tour verkürzt sich dann hin und zurück um reichlich 1 Std.

Unsere Wanderung beginnt bei der Kirche von **Antagnod,** etwas oberhalb der Dorfdurchgangsstraße. Das Gotteshaus ist berühmt für seinen holzgeschnitzten und vergoldeten Barockaltar und lohnt schon deshalb einen kurzen Besuch. Gegenüber dem Kirchplatz führt eine Gasse (Chemin Crousc de Guil) nach Süden. Im Aufstieg verwandelt sie sich nach den letzten Häusern des Dorfkerns allmählich in eine *mulattiera* und steigt entlang eines Lattenzauns zu einem Brunnen auf. Von dort schöner Rückblick auf Antagnod mit der Kulisse der Viertausender im Talschluss.

Nun geht es halbrechts weiter auf dem alten Weg in Nadelwald hinein, bald ziemlich steil, ehe sich die Wanderung bei einer Wegkapelle (frankoprovenzalisch: Crousc de Guil) auf dem Rain zur Rechten wieder zu ebnen beginnt. Kurz darauf lässt man, eine Piste querend, Häuser des Weilers **Oeil** (Guil; Brunnen) zurück, steigt auf dem Maultierpfad weiter bergan, allerdings nicht mehr so steil, und gelangt, ein Ausflüglerlokal (nahebei eine Kapelle) passierend, zu einem weiträumigen **Parkplatz** (45 Min.; für den, der mit dem Pkw unterwegs ist, beginnt die Wanderung erst hier).

Das Dorf Antagnod

Weiter geht es vom Südostende der Parkfläche (hier ein letzter Wasserkran!), zunächst auf einer Waldpiste, aufwärts unter Lärchen. Wo die Piste an der **Ru Courtoz** (Canale di Vincente; s. Tour 7) auf knapp 2000 m Höhe in gerodetem Terrain nach links wegkurvt, nehmen wir, weiter Richtung Westen haltend, in steilerem Anstieg, nun wieder Waldstreifen querend, den breiten Pfad (Nr. 2; 105), der bald den Nadelwald zurücklässt. Schöne Hochwiesen laden hier zur Rast ein. Weiter geht es in ein Kar und in vielen Serpentinen hinauf zum **Colle Portola** (2 Std.)

Hier scheiden sich bei einem Wegweiser die Pfade. Nach rechts (Norden) ginge es auf einem Gratpfad zum Colle Tantanè und weiter zum Monte Tantanè; nordwestlich führt ein Pfad abwärts zu einer Piste, die aus dem Valtournenche kommt (und auf der Drachenflieger zur Talscheide auffahren). Wir dagegen halten links, also nach Süden, und zwar auf einem herrlichen **Panoramapfad** mit Ausblicken nach rechts ins Valtournenche und nach links, wo der Kamm scharf abbricht, ins Ayas-Tal.

Anfangs in leichtem Auf und Ab, dann deutlicher ansteigend strebt

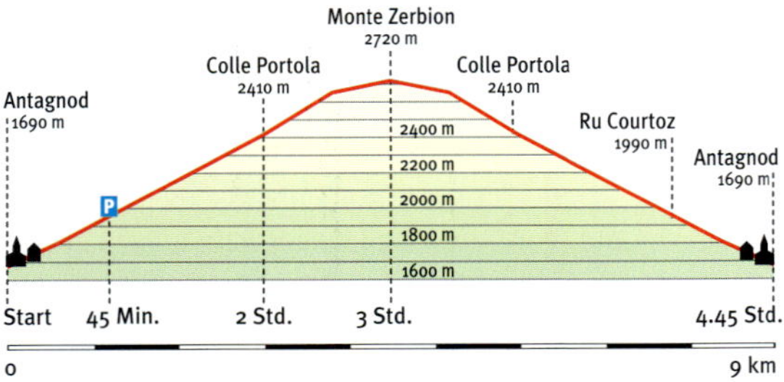

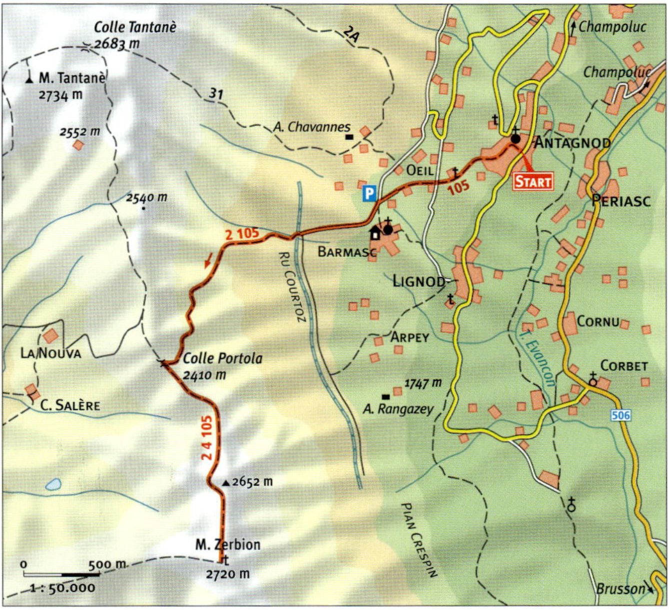

der Pfad zunächst einem Vorberg (2652 m) zu, der das eigentliche Ziel der Wanderer-Prozession vorerst verdeckt: den **Monte Zerbion** (2720 m) mit seinem berühmten 2200-m-Tiefblick ins Aostatal (3 Std.). Die Aussicht umfasst Monte Rosa, Matterhorn und Montblanc, aber auch den Monte Emilius, den Hausberg von Aosta/Stadt (s. Tour 34).

Und weil der Zerbion als letzter Ausläufer einer langen Bergkette, die vom Monte-Rosa-Massiv nach Süden zieht, etwas Besonderes ist, hat man ihn auch in besonderer Form geschmückt: mit einer fast 10 m hohen Madonnenstatue. 1932 errichtet, wurde das fromme Bildwerk 1968 von Grund auf restauriert. Auf dem Sockel sitzen in der Saison Dutzende von Wanderern und genießen Ausblick und Sonnenschein.

Vom Gipfel zieht ein etwas ausgesetzter Wiesenkamm abwärts nach Westen ins Valtournenche (Antey St.-André); wer dort hinunter wandern will (noch 4.15 Std.), folgt den Markierungen des Weitwanderwegs 105. Sonst auf dem Anstiegsweg zurück zum ›Türlein‹-Pass und hinunter nach **Antagnod**; veranschlagen Sie dafür knapp 1.45 Std.

Ein hoher See, zwei Walserdörfer

Von Crest zum Lago Perrin

Zwischen dem Cuneaz- und dem Mascognaz-Tal liegt in einer grünen Senke der kleine, reizvolle Lago Perrin. Zwei traditionelle Hochweiler, die im Auf- und im Abstieg passiert werden, erweitern das Natur- zum Kulturerlebnis.

DIE WANDERUNG IN KÜRZE

++ Anspruch

4.15 Std. Gehzeit

700 m Anstieg

1100 m Abstieg

Charakter: Mittelschwere Rundwanderung auf Pfaden und Alppisten

Wanderkarten: IGC 1:25 000, Blatt 108; Kompass 1:50 000, Blatt 87; IGC 1:50 000, Blatt 5

Einkehrmöglichkeiten: Champoluc, Crest: Hotelbars, Bergstation

Anfahrt: Bus von Aosta nach Verres (Fahrzeit: 1 Std.); weiter nach Champoluc/Telecabina (Fahrzeit: 1 Std.); Seilbahnauffahrt nach Crest Mitte Juli – Anf. Sept. 6 x täglich; an Wochenenden stündlich ab 9 Uhr; in der Vor- und Nachsaison nur an einzelnen Tagen (Information im Tourismusbüro Champoluc, Tel. 0125/30 63 35) – **Rückfahrt:** Ab Champoluc nach Verres um 14.35, 16.35, 17.35, 20.35 (letzter Bus; kein Anschluss mehr nach Aosta). Mit dem **Auto:** Parkmöglichkeit nahe der Talstation der Seilbahn, ca. 1 km nördlich des Dorfzentrums

Wenn das Ayas-Tal irgendwo mondän ist, dann in **Champoluc.** Der Ort müht sich um ›Noblesse‹ – allerdings auch in der Preisgestaltung. Bei der Bushaltestelle an der Seilbahntalstation im Norden von Champoluc eine Bar, in der man Wartezeiten bis zur Auffahrt der *telecabina* angenehm verbringt; nahebei auch ein Supermarkt.

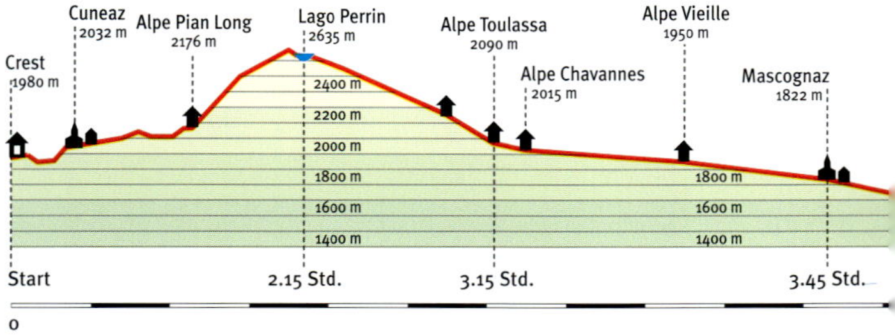

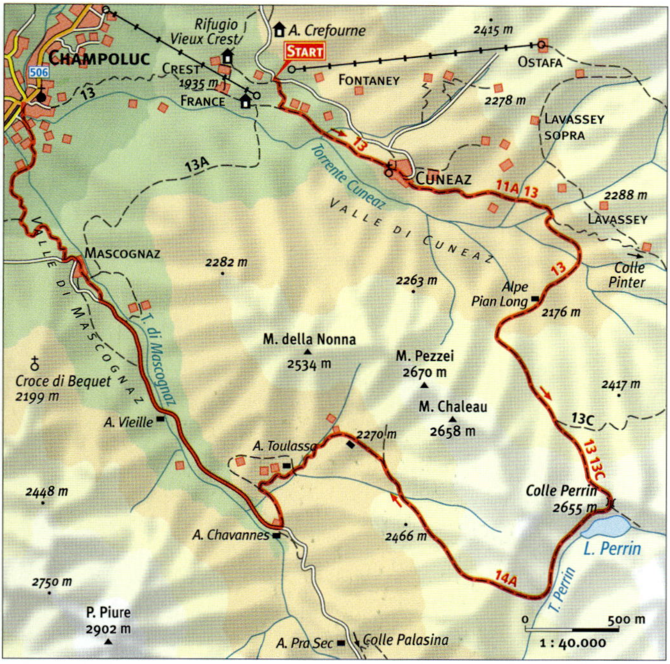

Die Kabinenfahrt entlang steiler Hänge endet auf ca. 1980 m in der **Bergstation Crest.** Rechts steht das Hotel Edelweiß. An ihm vorbei würde man im Abstieg auf einer Piste den Weiler Crest mit dem Rifugio Vieux Crest (1935 m) erreichen. In die Gegenrichtung, nach Westen also, zieht eine Piste aufwärts in Richtung Cuneaz und Ostafa. Unsere Wanderung (Weg 13A; Wegweiser) führt dagegen nach Süden, zunächst ebenfalls auf einer Piste, die sogleich absinkt und sich nach ca. 100 m gabelt. Hier links halten! Der Fahrweg endet bei einigen **Ferienhäusern.** Ein guter Pfad (Nr. 13, Alta Via 1) führt weiter hinauf; es ist der alte Saumweg von Champoluc zum Colle Pinter (s. Tour 3). Rechts rauscht der Talbach, der Torrente Cuneaz, und **Cuneaz** selbst, die traditionsreiche Höhensiedlung, wird wenig später sichtbar (s. Abb. S. 12/13), eindrucksvoll überragt vom Kamm zwischen Ayas- und Lys-Tal, mit dem Grauhaupt (Testa Grigia) als Blickfang. Wie Mascognaz (s.u.) und Magneaz auf der Ostseite des Ayas-Tals hat Cuneaz trotz frankoprovenzalischer Überformung Eigentümlichkeiten der walserischen Holzarchi-

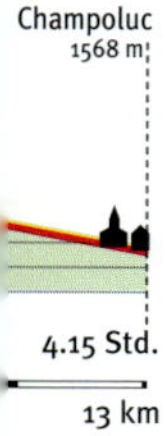

tektur bewahrt. Denn begründet wurde der Weiler, eine der höchsten ganzjährig bewohnten Alpensiedlungen Italiens, im 13./14. Jh. von den deutschsprachigen Einwanderern aus dem Wallis (s. S. 12).

Die Kapelle von 1842 am Dorfeingang bietet über dem Portal eine sehenswerte hölzerne Heiligentafel, und beiderseits der Gassen halten sich Verfall und Wiederaufbau die Waage. Bemerkenswert auch der *rascard* am östlichen Ortsausgang. Im ersten Stock dieses Dorfgemeinschaftbaus war hinter Holzbalkonen bis Ende des 19. Jh. die Volksschule untergebracht; das Erdgeschoss nahmen Lagerräume ein (20 Min.).

Von Osten her ist Cuneaz seit 1997 durch eine Jeeppiste erschlossen, der wir aber nur ca. 100 m folgen. Wo sie nach links aufwärts zieht, geht es für uns auf einem Pfad weiter, dem schon erwähnten alten Walserweg hinüber ins Gressoney-Tal. Oberhalb bleibt links der letzte, blumengeschmückte Alpbau von Cuneaz zurück. Bei einer ersten Pfadgabel würde man nach rechts nur Weideterrain erreichen; wir halten links bzw. geradeaus, bestätigt durch die Angabe »Colle di Pinter« und die Wegnummern 11A und 13 (dazu die 1 im Dreieck).

Zikadengesang begleitet unseren gemächlichen Aufstieg am Grashang. Auf ca. 2100 m Höhe über einen Zufluss des Torrente Cuneaz hin-

weg; dann an einer Quelle vorbei, durch einen letzten Waldstreifen und über einen weiteren Nebenbach hinweg, der zur Linken in ansehnlichen Kaskaden über das Gestein fällt. Gleich darauf wieder eine Weggabel (40 Min.).

Hier verlassen wir den Pfad zum Pinter-Pass, trennen uns von der Alta Via 1 und der Wegnummer 11A, um nach rechts (Pfad 13), zunächst mit leichtem Höhenverlust, dann in bequemem Wiederaufstieg, auf die schon länger sichtbare **Alpe Pian Long** zuzuhalten. Der Torrente Cuneaz wird auf Trittsteinen überschritten. Links der verwahrlosten Alpe beginnt unser Aufstieg zum Perrin-See (50 Min.).

Septembernachmittag am Lago Perrin

Ein etwas mühsamer Aufstieg! Nicht nur, weil es nun deutlich steiler wird, sondern vor allem, weil von einem stabilisierten Pfad nicht mehr die Rede sein kann. Wir bewegen uns in tief eingesunkenen Viehgangeln mit vielen hohen Trittstufen durch blockdurchsetztes Weidegelände. Immerhin schöne Blicke nach Westen auf Cuneaz und die Randberge des Ayas-Tals (u.a. Grand und Petit Tournalin). Auf ca. 2410 m eine Senke, in der im Frühsommer Wasser steht; etwas höher schwenkt Pfad 13C, der durch eine Geländerinne herangezogen ist, von Nordosten her in unseren Pfad ein. Noch 150 m Aufstieg, dann steht man (Wegweiser) über dem **Lago Perrin** (2.15 Std.).

Auf 2635 m Höhe glitzert der blaue Seespiegel zwischen den Höhen der Gran Cima im Osten und einer namenlosen Höhe im Westen, über der sich weitere Gipfel der Talscheide aufbauen. Grüne Lehnen umgeben den kleinen, fischreichen See, der von der Gran Cima her einen Zufluss hat und bis 2 m tief ist. Sind Sie an einem Sommerwochenende unterwegs, teilen Sie die attraktive Szenerie mit etlichen italienischen Picknickern. An einsamen Tagen wiederum wagen sich Gämsen, ja sogar Steinböcke zum See hinunter.

Der Abstieg beginnt am Abfluss des Lago Perrin. Hier ergießt sich jenseits eines kleinen Wehrs das Wasser des Sees als **Torrente Perrin** in eine Schlucht; unser Pfad (Nr. 14A) folgt dem Bach auf der rechten Seite. Der Blick öffnet sich ins Mascognaz-Tal mit seinen Alpen. Nach ca. 90 Höhenmetern Abstieg entfernen wir uns vom Bach nach rechts; es geht, in nun deutlich steilerem Abstieg, auf einen eigentümlichen **Felsturm** auf fast genau 2500 m Höhe zu (2.40 Std.).

Weiterhin queren wir die Nordflanke der **Valle di Mascognaz.** Der Pfad ist besser als der im Aufstieg zum Lago Perrin. Nehmen Sie bei einer Verzweigung den linken, unteren Ast. Bald darauf fließt oberhalb Wasser aus Rohren und bildet ein Bächlein, auf dessen rechter Seite wir nun – spärliche Wegmarken – abwärts wandern, rechts an einer alten Steinhütte vorbei in Richtung moderner Alpbauten. Murmeltiere haben hier ein Revier (3 Std.).

Unser Pfad führt nicht ganz bis zu jener Alpe, sondern wendet sich bereits bei einem verfallenen Nebenbau spitzwinklig nach Süden. Nun steil, in vielen Kehren über einen steinigen Weidehang, eine Gruppe mächtiger Lärchen passierend, hinunter zur **Alpe Toulassa** auf einer Hangabflachung (Brunnen; Murmeltiere). Die Alpe ist durch eine raue Piste erschlossen (3.15 Std.).

Über diese Piste – spitzwinklig nach links – abwärts, zuletzt durch ein Blockfeld, zur **Talhauptpiste,** die Markierungen des Weitwanderwegs 105 trägt, dazu die 14 im Kreis. Wir gelangen bald zur **Alpe Chavannes,** die an der Sömmerung der Rinderherden im Mascognaz-Tal teilhat. Gemächlich schlendert man weiter abwärts. Bei der **Alpe Vieille** quert die Piste den Talbach auf einem Holzsteg nach links. Der sich zunächst verdichtende Nadelwald macht bald neuen Weideflächen Platz. Sie gehören schon zum Weiler Mascognaz, der bald darauf rechts unterhalb der Piste sichtbar wird (benutzen Sie die Pfadverbindung; 3.45 Std.).

Wie Cuneaz ist auch **Mascognaz** (Brunnen) ein alter Walserweiler, geprägt durch Verfall und Wiederaufbau. Übrigens könnte man von hier (Wegweiser) über Weg 13A zur Seilbahnstation Crest zurückkehren. Wir nehmen indes den Weg durch die Passage rechts einer Lüftlmalerei (Heilige Familie), passieren eindrucksvolle Holzbauten und verlassen das Dorf bei der Kapelle von 1769, die San Grato geweiht ist. Der Heilige, ein Bischof des 6. Jh., gilt im Aostatal als Schutzpatron der Ernte.

Auf einer prachtvollen alten *mulattiera* zwischen Holzgeländern weiter durch Wiesen abwärts, vorbei an einem Marienschrein von 1837 mit volkstümlicher Malerei und weiter zum Saum des Waldes, wo sich einzelne Rottannen zwischen die Lärchen mischen. Bei einem Wegweiser (Wegnummern 14, 105) rechts abwärts nach Champoluc.

Unser breiter Pfad durch den Wald (links ein weiterer kleiner Schrein) wird mehr und mehr zum Treppenweg. Bei einer Weggabel, fast schon am Ortssaum von Champoluc, rechts halten und entlang des Bergbachs, bald auf einem Steg querend, in die Rue L'Ostorion und mit ihr ins Zentrum von **Champoluc** (4.15 Std.).

Ein steiler Zahn

Von St.-Jacques auf die Becca Trecaré

Durch Almgrün hinauf zum Gebirgskamm des Ayas-Tals mit stolzen Dreitausendern, u.a. der Becca Trecaré; über den Vascoccia-Pass zu einem 500 Jahre alten Kanal; ein Abstecher führt zum ›Steinbockpass‹ unter dem Monte Croce.

DIE WANDERUNG IN KÜRZE

+++ Anspruch

7.15 Std. Gehzeit

1400 m An-/Abstieg

Charakter: Anspruchsvolle hochalpine Rundwanderung auf Pfaden und Alppisten; die Tageswanderung lässt sich zu einer Zwei-Tage-Tour erweitern.

Wanderkarten: IGC 1:25 000, Blatt 108; Kompass 1:50 000, Blatt 87; IGC 1:50 000, Blatt 5

Einkehrmöglichkeiten: St.-Jacques: Hotel Casa Favre in der frazione Blanchard, Hotel Fior di Roccia, Rifugio Città di Casale, Rifugio Grand Tournalin

Anfahrt: Bus um 8 Uhr von Aosta nach Verres (Fahrzeit: knapp 1 Std.); dort umsteigen (9.13 Uhr) nach St.-Jacques (Fahrzeit 1 Std.) – **Rückfahrt:** Bus um 17.30 Uhr; letzter Bus nach Verres: 20.30 Uhr (dann aber kein Anschluss mehr nach Aosta). Mit dem **Auto:** Parkfläche auf dem geräumigenZentralplatz von St.-Jacques

Unterkunft: Rifugio Grand Tournalin (37 Betten; Tel. 0125/30 70 03 oder 0125/30 74 53)

Unsere Wanderung beginnt am Zentralplatz von **St.-Jacques.** Wir gehen nach Norden, vorbei an der kleinen Jakobskirche mit ihren Fassadenmalereien, nehmen (nur eine Minute vom Bushalteplatz) die erste Abzweigmöglichkeit nach links wahr und überschreiten auf einer Brücke den **Torrente Evançon,** einen schäumenden Bergbach, in dem sich die Wasser aus dem Courtoz- und dem Verra-Tal sammeln (s. Tour 8). Am anderen Flussufer beginnt bei einem Wegweiser unser Aufstieg. Zunächst auf einer *mulattiera* rechts am Hang aufwärts, dann nach links vorbei an Häusern der *frazione* **Peio,** schließlich über Almwiesen und durch Waldstreifen, letzte Gehöfte zurücklassend, in eine Zone dichteren Lärchenwalds. Hier steigt der gute und gut markierte Pfad – er gehört zum Höhenweg Alta Via 1 –, teils entlang eines Baches zur Linken, steiler an, bis auf ca. 1950 m Höhe eine von Blanchard her kommende **Alppiste** erreicht ist (50 Min.).

Man folgt ihr ca. 25 m nach links, dann setzt unser Pfad sich unmittelbar vor einer Bachbrücke rechts im Aufstieg fort. Nach weiteren 10 Minuten treten wir auf knapp 2000 m Höhe aus dem Wald auf Wiesen hinaus und genießen den ersten Blick ins **Nana-Tal,** flankiert von den Höhen um den Monte Faciabella (2621 m) zur Linken und den Palon di Nana (2764 m) zur Rechten.

Das Tal ist entlang einer Piste mit mehreren Alpen besetzt. Die erste **(Nana inferiore)** passieren wir, noch auf dem Pfad, auf der Rechten; pflichtbewusste Hunde verbellen uns. Wenige Minuten später geht es dann auf die **Talpiste** hinaus (reichlich 1 Std.).

Ob Sie nun den Schleifen der Erd-Schotter-Piste folgen oder, Pfadabkürzer nutzend, etwas strammer bergwärts gehen – so oder so werden Sie auf ca. 2180 m Höhe, nahe der verfallenen **Alpe Nana alta,** endgültig auf den Fahrweg gezwungen, der bald nach der Zufahrt zur **Alpe Tournalin inferiore** nach Norden auszuschwingen beginnt, nun im Anblick der imposanten Talscheide mit ihren Dreitausendern. Wir folgen der Piste allerdings nicht ganz bis zu ihrem Ende, d.h. bis zur Berghütte **Rifugio Grand Tournalin** (der ehemaligen Alpe Tournalin superiore), sondern zweigen schon vorher, auf fast genau 2500 m Höhe, nach links auf den Pfad zum Nana-Pass ab (2.40 Std.)

Abstecher zum Monte Croce

Wer die Wanderung als Zweitagestour plant, geht bis zum Ende der rauer werdenden Piste und quartiert sich in der gut ausgestatteten Hütte ein. Ohne größere Rucksacklast geht es weiter auf Pfad 4 nach Norden. Der Ansatz dieses Pfades ist nicht recht deutlich, und ein Wegweiser fehlt. In den Karten ist der Pfad zu weit westlich eingezeichnet. Es geht – ca. zwei Dutzend Meter westlich der Hütte – durch blockdurchsetztes Weidegelände. Der leichte Anstieg endet nach 10 Min. auf ca. 2610 m Höhe, der dünne Pfad quert nun auf der linken (westlichen) Seite den Hang über einem kleinen, namenlosen **Karsee** (nur ca. 30 cm tief; am Südufer laden sanfte Lehnen zum Picknick ein).

Uns zieht es dagegen zu den Steinböcken am **Joch unter dem Monte Croce.** Dazu begeben wir uns nach der Hangtraverse und einer Bachquerung wieder in einen zunehmend steiniger, vegetationsärmer werdenden Serpentinenanstieg – hinauf zu einer Einsattelung in dem vom Grand Tournalin zur Linken herunterziehenden Felsgrat. Im Bereich

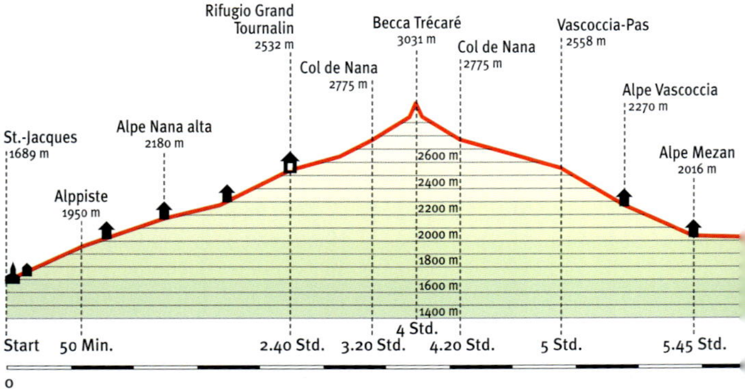

des namenlosen Passes (ca. 2760 m) äst häufig ein Steinbockrudel. Der Autor schließt sich gern der in großen Lettern auf einen Felsen am Joch gepinselten Verwünschung derer an, welche die *stambecci* belästigen!

Vom Joch (reichlich 1 Std. von der Hütte) sieht man nach Norden hinunter auf den Lago Verde, einen weiteren Karsee mit grünlichem Gletscherwasser. Wir bescheiden uns freilich mit dem Aufstieg zum **Monte Croce,** der nach der letzten Vermessung 2892,8 m hoch ist und offiziell Mont Brun heißt. Das windschiefe Holzkreuz auf dem Gipfel hat dem Berg seinen geläufigen Beinamen eingetragen. Der Aufstieg erfolgt auf Steigspuren rechts an einigen Gratgendarmen vorbei über einen Schotterhang und eine Vorhöhe und dauert 20–25 Minuten. Der schöne Ausblick vom Gipfel umfasst Matterhorn, Monte-Rosa-Kette und Courtoz-Tal (s. Tour 8).

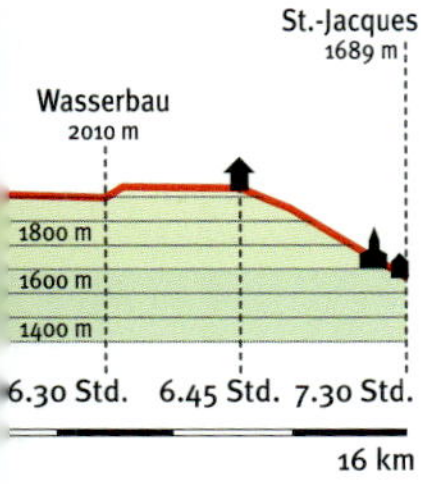

Auf demselben Weg zurück zum Rifugio Grand Tournalin. Für die gesamte Tour muss man knapp 2.45 Std. veranschlagen.

Der Aufstieg zum Nana-Pass erfolgt über einen guten Pfad (Nr.4A; Alta Via 1), der links eines Blockfelds einsetzt und nach kurzem Westanstieg stärker südwärts zieht, überragt von Petit Tournalin und Becca Trecaré, unserem Zielgipfel. Gut gebahnt geht es in einer Hangquerung auf eine Schwachstelle in den Klippen zu, die auf 2630 m Höhe durchstiegen wird. Der **Nana-Pass** wird erst spät einsehbar (3.20 Std.).

Unser Gipfelpfad (Nr. 3C) zur Becca Trecaré zweigt rechts, also nach Norden ab, erreicht bald eine Abflachung und steigt nun steil in Serpentinen am Schotter-/Schutthang zu einem Gras-Fels-Kamm auf (ca. 2925 m).

Wir halten nach links (westlich) auf den Gipfelaufbau zu; ein Pfad führt hinauf auf den ›steilen Zahn‹. Das letzte Stück unter dem Gipfelkreuz der **Becca Trecaré** erfordert sicheren Tritt und – relative – Schwindelfreiheit. Übrigens ist die Becca eine Grenzhöhe; hier stoßen die Kommunen Chamois, Valtournenche und Ayas zusammen. Entsprechend weit ist die Aussicht vom engen Gipfelstand in die beiden von diesen Gemeinden besetzten Täler (4 Std.).

Auf demselben Weg wieder zurück zum **Nana-Pass;** hin und zurück ist man reichlich eine Stunde unterwegs.

Vom Pass nun ca. 30 m nach links zurück, also auf dem Aufstiegspfad Richtung Nana-Tal bzw. Rifugio, dann nach rechts einige Meter aufwärts auf einen nach Südosten ziehenden Schotterpfad (etwas unübersichtlicher Einstieg mit mehreren Spuren). Dieser Pfad (Nr. 3) wirkt auf den ersten Blick wenig einladend, zieht sich aber in der Folge unproblematisch in leichtem Auf und Ab, insgesamt Höhe lassend, an den **Hängen der Becca di Nana** entlang, teils direkt unter Klippen, mal auf Gras, mal auf wenig geneigtem Kleinschotter, häufig mit Blicken nach links auf die Piste im Nana-Tal, bis nach einem etwas steileren Zwischenanstieg (ca. 25 Höhenmeter; nehmen Sie die mittlere Pfadspur) nach Querung eines letzten Schotterhangs der **Vascoccia-Pass** erreicht ist (5 Std.).

Nun über sanfte Wiesenlehnen in teils sehr ausgetretener Pfadspur abwärts. Langsam öffnet sich der Blick ins mittlere Ayas-Tal mit dem Siedlungsraum von Antagnod (s. Tour 5). Unterhalb der lang gestreckten, durch eine neue Piste erschlossenen **Alpe Vascoccia** zieht unser Pfad (weiterhin Nr. 3) rechts einer Anhöhe mit weithin sichtbarer Kapelle in aussichtsreicher Führung über steindurchsetzte Wiesenhänge nach Osten, überragt von den Höhen des Monte Faciabella. Es geht hinunter in Richtung einer Alppiste. Einzelne Lärchen betupfen den Hang. Auf ca. 2025 m Höhe passieren wir einen kleinen Teich mit Rastbänken und erreichen gleich darauf, nahe einem Alpbau **(Alpe Mezan)** zur Rechten, die erwähnte **Piste** (5.45 Std.).

Noch einmal (kein Wegweiser!) ein kurzer Abstieg entlang von Holzgeländern nach Osten, also Richtung Gegentalseite – und in wenigen Minuten stehen Sie vor der **Ru Courtoz** (auch Canale Cortoz oder di Vincente), die über Dutzende Kilometer Wasser nach Saint Vincent im Mitteltal führt (s. Tour 5).

Auf einem Knüppelholzsteg über den nur etwa einen Meter breiten

Kanal auf die östliche Seite und dort nach links. Der Pfad ist gut ausgebildet und zieht auf knapp 2000 m Höhe fast eben dahin. Markierungen sind selten. Es geht immer auf der rechten Seite des Kanals nach Norden, Richtung Nana-Tal; gelegentliche Abzweige (Stege) nach links oder Spuren nach rechts interessieren nicht, weder auf den ersten ca. 250 m, wo unser Pfad über Grasboden verläuft, noch nach seinem Eintritt in Lärchenwald. Nun muss man freilich da und dort den Kopf unter niedriges Geäst beugen, und bis auf einige Blicke nach rechts (auf Champoluc, Mascognaz; s. Tour 6) bleibt Aussicht rar. Dennoch ein schöner, stiller Weg, den man knapp 40 Min. in bequemem Schlendern folgt, bis der Wasserfluss zur Linken endet (6.30 Std.).

Er endet an einem **Betonbau;** denn das Bergwasser aus dem Courtoz-Tal wird, da Kanal und Pfad ca. 250 m weiter nördlich durch Bergrutsch zerstört sind, fortan unterirdisch geführt. Man kann dem verfallenen Kanal weiter folgen, doch wird der begleitende Pfad (Nr. 5) in der Bergrutschzone unbequem und durchläuft einige ausgesetzte Passagen.

Deshalb am betonierten Wasserauslauf auf einem Pfad links recht steil aufwärts. Nach ca. 30 Höhenmetern ist ein **Waldweg** erreicht, dem wir in der bisherigen Richtung des Kanalpfades folgen, also nach rechts (nördlich). Nach ca. 150 m betreten wir einen **ersten Tunnel** von knapp 100 m Länge (Taschenlampe hilfreich). Einige Minuten später verbindet sich von rechts unten spitzwinklig eine weitere Piste mit der unseren, und bald darauf gewinnen wir Tiefblick auf St.-Jacques. Noch ein **zweiter Tunnel** ist zu queren, dann

Steinböcke am Joch unter dem Monte Croce

läuft unsere raue Piste, den Wald verlassend, bei einer Alpe (nahebei ein Wegweiser) auf die Talhauptpiste des Nana-Tals hinaus (6.45 Std.).

Zweigen Sie bei jener Alpe (also noch vor der Piste), vorbei an einem Bildstock, auf Pfadspuren nach rechts ab. Steil hinunter zu einer Alpe an der **Talhauptpiste.** Der Fahrweg nimmt gleich darauf in einer scharfen Linkskurve (hier läuft auch der Kanalpfad, den wir am Wasserbau verlassen haben, von rechts auf die Piste) wieder Nordkurs. Noch ca. 200 m, dann ist die Brücke überschritten, bei der unser Aufstieg ins Nana-Tal begann.

Die weitere Route ist bekannt: 25 m nach der Brücke rechts ab auf zunächst steilem, dann bequemerem Pfad und, einige Höfe und den Weiler **Peio** passierend, zurück ins Zentrum von **St.-Jacques** mit der Kirche, Einkaufsmöglichkeiten und dem Buswartehäuschen (7.15)

Aussicht auf den Ewigen Schnee

Von St.-Jacques durch das Courtoz-Tal zum Gran Lago

Durch ein stilles, grünes Tal geht es bequem hinauf zum Kamm zwischen Ayas-Tal und Valtournenche. Überragt von Punta Rollin und Gran Sometta liegt dort unter Felshängen malerisch der ›Große See‹, der so groß eigentlich gar nicht ist.

DIE WANDERUNG IN KÜRZE

++ Anspruch

5.45 Std. Gehzeit

1150 m An-/Abstieg

Charakter: Hochalpine mittelschwere Zielwanderung auf Bergpfaden

Wanderkarten: IGC 1:25 000, Blatt 108; Kompass 1:50 000, Blatt 87; IGC 1:50 000, Blatt 5

Einkehrmöglichkeiten: nur am Anfang und Ende der Tour in St.-Jacques

Anfahrt: Bus um 8 Uhr von Aosta nach Verres (Fahrzeit: knapp 1 Std.); dort umsteigen (9.10 Uhr) nach St.-Jacques (Fahrzeit 1 Std.) – **Rückfahrt:** Bus um 17.30 Uhr; letzter Bus nach Verres: 20.30 Uhr (dann kein Anschluss mehr nach Aosta). Mit dem **Auto:** Viel Parkraum auf dem Zentralplatz von St.-Jacques.

Von **St.-Jacques** an der Kirche des Ortes vorbei. Eine Sonnenuhr und Fassadenmalerei (man sieht u.a. den Apostel Jakobus, den Schutzpatron der Wanderer) schmücken den Sakralbau. Links eine erste Brücke über den Evançon. Wir bleiben rechts des Bergbachs. Das Teersträßlein (Via Giacomet) zieht nach ca. 150 m vorbei am Hotel Fior di Roccia. Bald darauf eine Weggabel (mit Heiligenschrein), wo man links nach Blanchard gelänge. Wir halten geradeaus (Sackgassenschild), queren den Evançon-Bach 2 Minuten später auf der nächsten Brücke und treten nun das abgenutzte Pflaster des traditionsreichen Maultierpfads, der die Alpen des Verra- und Courtoz-Tals mit St.-Jacques verband. Zur Linken liegen die Häuser von **Blanchard,** und erstmals nennt ein Wegweiser die für uns relevanten Wegnummern: 6 und 6C.

Auf ca. 1740 m Höhe vereinigen sich Torrente di Verra und Torrente di Tzere neben unserem Pfad zum **Torrente Evançon;** die Wildwasser tosen. Leider ist die *mulattiera* in der Folge sehr versehrt. Nach knapp 40 Min. links ab nach **Fiery** (Wegweiser).

Im Jahr 1870 entstand hier, auf ca. 1880 m Höhe, das erste Alpenhotel des Ayas-Tals; das Bellevue/Bellavista. Es kamen viele prominente Besucher; auch Königin Margherita, Gemahlin des ersten Umberto, übernachtete hier. Bis zum Zweiten Weltkrieg setzte das Hotel auf zahlungskräftige Bergsteiger, deren Gepäck von Champoluc (wo die Straße endete) auf Mulirücken heraufgeschafft wurde. Mit dem Ende des ›hochherrschaftlichen‹ Alpinismus wurde das Hotel zunächst zu einer Berghütte (L'Arca), dann zum Jugendheim der Diözese Rapallo umgewidmet. An der Fassade halten sich die alten Hotel-Schriftzüge. Die Lage ist bestrickend – man blickt von der Sonnenterrasse weit und tief ins Ayas-Tal (45 Min.).

Rechts am Hotelhauptbau vorbei mit der 6 aufwärts über Pflaster (mittwegs führt rechts eine Passage vor die Front einer Kapelle). Anschließend wenig steil durch Wald und auf einem Holzsteg über den **Tzere-Bach.** Noch ein weiteres Bächlein wird überschritten, dann steigen wir in Kehren auf gutem Pfad einen locker mit Lärchen bewaldeten Hang hinauf.

Auf 2080 m hat man eine **Wegverzweigung** auf einem Felsblock vermerkt. **Achtung:** Wir halten hier rechts, auf etwas schlechterem Pfad nun, und steigen einen Hang hinauf (über die linke Wegspur werden wir zurückkehren). Zur Linken zeigen sich Roisetta und Croce-Gipfel (s. Tour 7).

Abermals **Achtung**: Ca. 50 m vor zerstörten Alpbauten gabelt sich beim Bach (kein Wegweiser! zunächst keine Wegmarken auf unserer Trasse!) der Pfad ein weiteres Mal. Wiederum rechts halten und hinauf zu einem Weidebuckel mit windschiefem Holzkreuz: ein herrlicher Rast- und Aussichtsplatz mit Tiefblick auf Frachey und St.-Jacques, auch auf Resy, das höchste ganzjährig bewohnte Dorf Italiens (2072 m), das auf der anderen Talseite eine Waldlichtung besetzt, und mit Hochblick auf die Viertausender über dem Talschluss. Im Hintergrund die verfallene **Alpe Ceuca;** am Eck der Hütte die für uns nun relevante Markierung 6C (1.50 Std.).

Im weiteren Aufstieg, etwas unbequem, denn der schmale, steinige Pfad, den nun auch rote Verlaufsstriche markieren, müsste einmal von wucherndem Niederwuchs freigeschlagen werden, an einer weiteren Hüttenruine vorbei; zur Rechten das hier tief eingeschnittene Tal des Tzere-Bachs. Auf ca. 2300 m Höhe flacht der Aufstieg ab, weitet sich der Blick ins Courtoz-Tal, dessen Abschluss von den beiden Cime Biance und der Gran Sometta überragt wird. Aus dem Schotter unter Ventina- und Tzere-Gletscher rauschen die Schmelzwässer. Über die gestreckte, bucklige Höhe und mit ca. 20 m Höhenverlust hinunter zum Bach (2.15 Std.).

Es folgt eine Passage von 3–4 Minuten, die Achtsamkeit erfordert, denn die gelben Marken, für Wanderer aus der Gegenrichtung angebracht, sind schwer erkennbar, und der Pfad ist nur eine Spur. Wir halten am Bachufer halblinks über ca. 15 Höhenmeter auf den Wiesenkamm im Südosten zu und sehen von dort, keine 100 m entfernt, einen Wegweiser, auf den wir, nun wieder im Abstieg, zuwandern, dabei ein Bächlein querend.

Beim **Wegweiser** erreichen wir den **Talhauptpfad** (Nr. 6) und folgen ihm nach rechts mehr als eine halbe Stunde lang durch kleinkammriges Almgelände (schöner Blick auf die Gipfel im Talschluss), zuweilen entlang mäandrierender Bacharme auf sumpfig federndem Boden. Die Weidegründe mit eingelagerten Felsen wurden früher von der **Alpe Mase** her mit Vieh bestoßen; heute wird die halb verfallene Alpe (hell getünchter, einsturzgefährdeter Hauptbau und teils mit Plastikplanen geschützte Nutzbauten), die im Auslauf eines Blockfelds liegt, nur noch etwa einen Sommermonat lang als Station benutzt. Wir erreichen sie über ein kleines Joch (mit Wegweiser) und passieren sie in etwas unübersichtlichem, bachdurchzogenem Gelände.

Danach zieht der – weiterhin gute – Pfad steiler an, links und rechts fassen ihn Höhenrücken ein. Auf ca. 2470 m Höhe Bachquerung nach links. Etwa 50 m höher flacht das Gelände ab; rechts öffnet sich das Ventina-Tal zur Conca di Rollin (3.30 Std.).

Trotz seiner Breite (knapp 10 m) lässt sich der flache **Ventina-Bach** oder **-Fluss** auf ausgelegten Trittsteinen trockenen Fußes überschreiten. Der Pfad zieht auf dem anderen Ufer ca. 150 m nahezu eben nach rechts und geht bei einem bescheidenen Nebenbach in den Wiederaufstieg nach links. Tief ausgetretene Serpentinen führen einen steilen Wiesenhang hinauf in den oberen Bereich des Courtoz-Tals, dessen Hauptbach nach ca. 20 Minuten erreicht ist. Es geht nun bequem, in felsigerem Gelände rechts des Baches aufwärts bis zum Gran Lago. Ab ca. 2700 m Höhe sieht man Träger von Skiliften im Umfeld des Colle superiore über dem See.

Der **Gran Lago,** eine wassergefüllte Erosionsmulde mit einem Haupt- und einem Auslaufbecken, liegt zwischen Gran Sometta und Punta di Rollin auf 2807 m Höhe und zeigt das Türkisblau der Gletscherseen. Die Wassertiefe beträgt bis 6,70 m; der See scheint fischreich zu sein, denn an Wochenenden zieht es Angler hier herauf (4 Std.).

Der Rückweg vom ›Großen See‹ folgt eine knappe Stunde lang dem Anstiegsweg. Es geht wieder über den Ventina-Bach und vorbei an der Alpe Mase durch Almauen bis zu dem bekannten **Wegweiser** auf ca. 2290 m Höhe, bei dem wir auf den Hauptpfad gelangt waren. Schön ist unterwegs der Fernblick auf die Testa Grigia über der Kammscheide zum Gressoney-Tal (s. Tour 3).

Nun aber nicht nach links über den niederen Wiesenkamm zum Pfad 6C, sondern auf dem Hauptpfad geradeaus, also weiter abwärts, Richtung Südosten (Pfad 6). Rechts sieht man im Tal Alpbauten, moderne wie aufgegebene. Unsere Hangtraverse zieht kurz darauf, nach einer Bachquerung (Vorsicht!) deutlich steiler abwärts. Rechts des Baches bleiben Alpbauten liegen. Dann führt uns der Pfad – Achtung! Hangabrutschungen – aus der Weidezone endgültig in Lärchenwald hinein und am Waldhang weiter hinunter bis zu jenem bezeichneten **Felsblock mit Wegmarken,** den wir vom Anstieg bereits kennen.

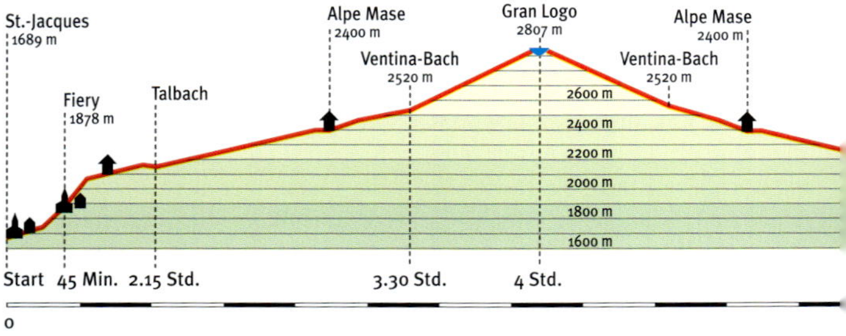

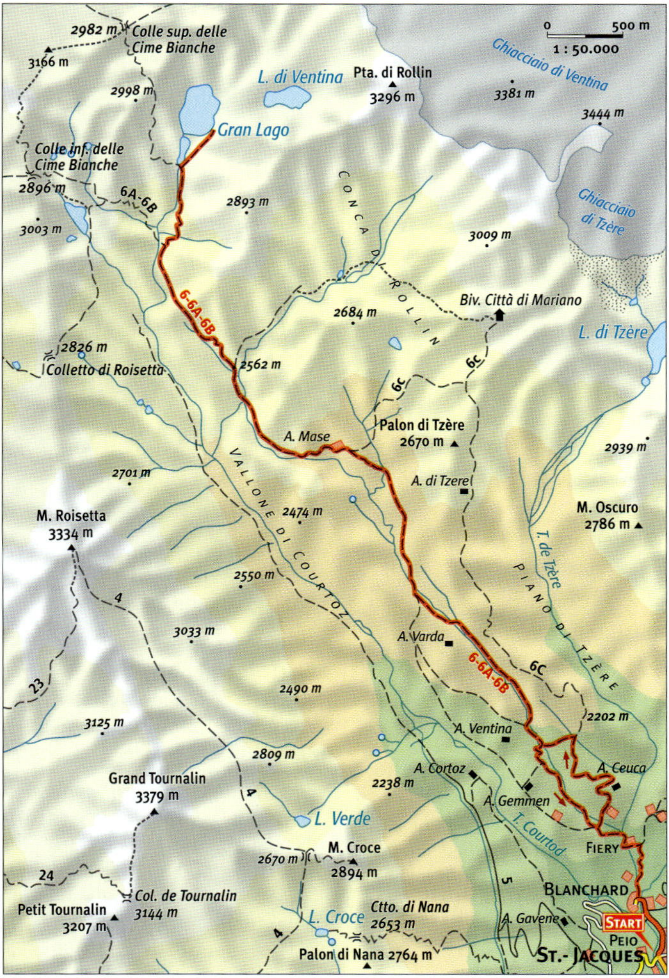

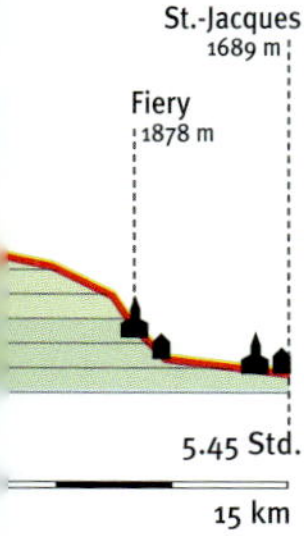

Der weitere Abstieg ist damit klar: zunächst nach **Fiery,** dann an **Blanchard** vorbei und hinunter zur Kirche und zum Zentralplatz von **St.-Jacques** mit dem Buswartehäuschen (5.45 Std.).

Tour 9

Im Tal des Matterhorn

Über Cheneil nach Breuil und zum Lago di Cignana

Den Talschluss des Valtournenche beherrscht die Pyramide des Matterhorn, das die Italiener Cervino nennen. In einer prächtigen Höhenwanderung geht es zwei Tage lang über beide Flanken des berühmten Tals.

Charakter: Leichte zweitägige Rundwanderung auf Bergpfaden und befestigten Pisten; kurze Strecken auf Asphaltstraßen im Talboden

Wanderkarten: IGC 1:25 000, Blatt 108; Kompass 1:50 000, Blatt 87; IGC 1:50 000, Blatt 5

Anfahrt: Busse im Stundentakt von Aosta nach Châtillon, z.B. um 8 Uhr (Fahrzeit: 35 Min.); am Rondell (Fahrkarte vorab im Kiosk kaufen!) umsteigen nach Valtournenche/Crétaz, z.B. um 9.15 Uhr (Fahrzeit: 35 Min.) – **Rückfahrt:** z.B. um 15.50, 18 und 19.55 Uhr von Valtournenche; in Châtillon Anschlussbus um 16.55, 18.55 und 21.10 Uhr nach Aosta. Mit dem **Auto:** Parkmöglichkeit in Crétaz am Rand der Talhauptstraße.

Hinweis: Das Zwei-Tage-Trekking lässt sich auf zwei Tagestouren aufteilen. Dann am ersten Tag Rückfahrt von Breuil (z.B. um 17.20, 18.30 Uhr) und am zweiten Tag Wiederanfahrt. Preiswerte Unterkunft bietet das Tal im Dorf Antey St.-André (z.B. Hotel Delle Alpi, Tel. 0166/54 82 34); dort auch gute Einkaufsmöglichkeiten.

Erster Tag

Von Valtournenche zum Albergo Leonardo Carrel

Gehzeit: 5.45 Std.

Anstieg: 920 m

Abstieg: 450 m

Einkehrmöglichkeiten: Valtournenche (auch Einkaufsmöglichkeiten), Cheneil: Hotel Panorama, Albergo Leonardo Carrel bei Breuil

Unterkunft: Albergo Leonardo Carrel* (Tel. 0166/94 90 77; Vorbuchung ratsam)

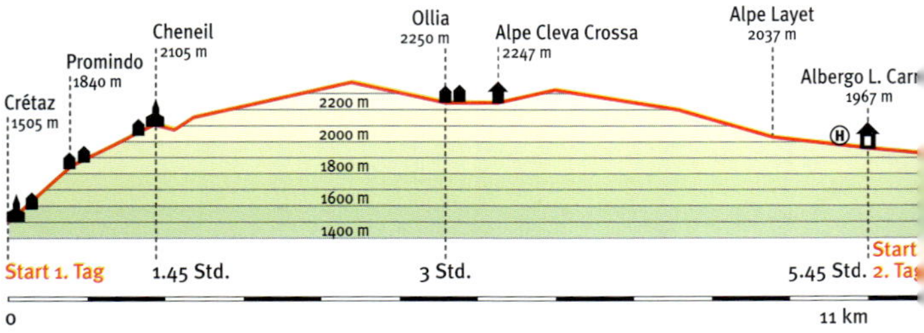

Der erste Weitwanderweg des Aostatals überhaupt, die so genannte *Grande Balconata*, angelegt Mitte der 70er Jahre mit Geldern, die ein aufblühender Skitourismus dem Talschluss einbrachte, trägt auf gelbem Grund im schwarzen Rechteck die Zahl 107. Seither wurde freilich neuer Asphalt über die Hänge gezogen, haben Alppisten und Skilifte die Landschaft weiter zerschnitten; auch wird die GB nicht mehr intensiv gewartet. Dennoch: Zwischen dem Talort Valtournenche und Breuil/Cervinia hat der Höhenweg auf der östlichen wie der westlichen Talflanke viel von seinem Charme bewahren können.

Valtournenche heißt das ganze Tal ebenso wie die Streusiedlung im Talzentrum, wo unsere Wanderung beginnt. Sie beginnt, genau gesagt, in der *frazione* Crétaz. Nachdem der Bus, von Châtillon kommend, die Häuser von Maën passiert hat, geht es über eine Steilstufe hinauf; halten Sie Ausschau nach dem Hotel Millefiori auf der rechten Seite. Die Haltestelle ca. 300 m nach dem Hotel ist die unsere.

Nun zwei oder drei Dutzend Meter gegen die Anfahrtsrichtung zurück, dann links ab in ein Asphaltsträßlein (zur Rechten ein Kinderspielplatz). Es geht an altem Baubestand vorbei und nach den letzten Häusern von **Crétaz** rechts über einen Bachsteg. Der alte Waldpfad (Nr. 25) hinauf nach Cheneil – er ist als Teil des Höhenwegs Alta Via 1 mit dem gelben, schwarz gerahmten Dreieck markiert – hat durch die Trassierung neuer Pisten u.a. zum Hochweiler Promindo an zwei Stellen Schaden genommen, doch findet man schnell die Wegfortsetzung. **Promindo** (Brunnen) bleibt rechts liegen. Weiter aufwärts, nun rechts eines Baches, bis der Wald sich zu lichten beginnt und zunächst links, dann im Vorblick Häuser der Streusiedlung **Cheneil** mit dem beliebten Hotel Panorama auftauchen (1.45 Std.).

Es teilen sich die Pfade. Noch vor dem Hotel Panorama geht es rechts ab Richtung Chamois, während die Alta Via 1 nach Südwesten Richtung Colle di Nana zieht, der Verbindung zum Ayas-Tal (s. Tour 7). Unser Weg, nun die 107, setzt sich dagegen auf der Nordseite des Hotels fort (Wegweiser).

Auf einem Steg über den **Torrente Cheney.** Ein erster kleiner Anstieg führt zu einem schmiedeeisernen Kreuz auf einem Felsen. Hier nicht dem breiteren Weg links (hinunter nach La Barmaz), sondern dem schmaleren Pfad rechts hinauf zu einer **Marienkapelle** folgen.

In der Folge verläuft der gut gerichtete Pfad – sein höchster Punkt wird bei ca. 2370 m erreicht – im Auf und Ab teils über Matten, teils durch

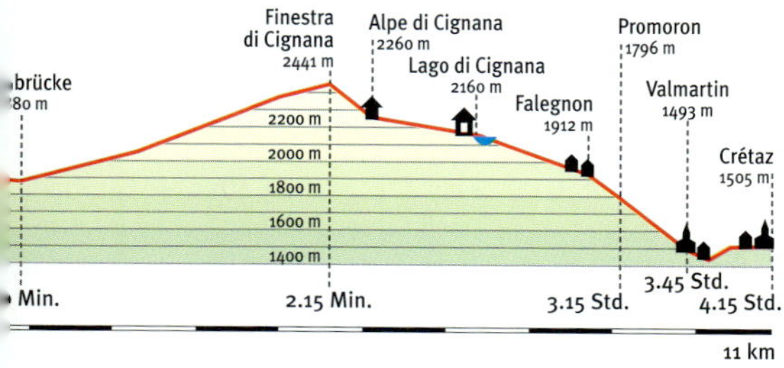

Blockreviere. Das Matterhorn wird im Vorblick sichtbar, verschwindet aber wieder hinter Hügeln und Hangschrägen.

Im unübersichtlichen Skigebiet von **Ollia** (3 Std.) – die Karten bieten wenig Hilfe! – mit seinen Seilbahnen, Liften und Pisten auf die hochgestellten Steine mit gelben Wegmarken achten! Mit dem dritten Wegstein hält der Pfad abwärts auf eine auffällige weiße Liftstation zu, geeignet als Orientierungspunkt. Auf dem Weg dorthin passieren wir ein altes Liftgebäude mit grauem Flachdach, und zwar über den Fahrweg auf der Bergseite, folgen diesem Fahrweg, einen Linksabzweig auslassend, bis unter Liftseile und verlassen ihn dort auf einem Karrenweg. Es geht an alten, steinernen Alpbauten vorbei. Der nun leicht aufwärts und nach rechts ziehende Weg quert die nächste Lifttrasse bei der dritten Stütze unterhalb der erwähnten weißen Liftstation und quert nach einer Linkswendung den **Torrente Cleva Crossa.**

Durch Weidegelände. Vor der alten **Alpe Cleva Crossa** rechts aufwärts, wo man ein schlichtes Kreuz auf einem Hügel sieht. Die Grasspur ist nicht immer deutlich – auf die gelben Markierungen achten! – doch ist sie aussichtsreich. Ab einem neuen Alpbau ein Stück auf einem Fahrweg, dann wieder links ab auf einen undeutlichen Pfad, der eine Piste kreuzt und später bei einem Haus auf einen weiteren Fahrweg trifft. Mit ihm links in Richtung Matterhorn. Der Fahrweg geht in einen Pfad über.

Unter einer starken **Wasserleitung** hindurch, die vom Lago Goillet herunterkommt. Bei den ersten Lärchenbeständen neigt sich unser Pfad nach links. Links unten sieht man den schönen Lac Bleu liegen, und eindrucksvoll zeigt sich die Felspyramide des Matterhorn. Unser Pfad quert eine Piste, verläuft durch eine Art Hohlweg und erreicht schließlich, bald nach einigen Stallungen **(Layet)**, den Auslauf der alten Bobpiste von Breuil/Cervinia, einen großen Caravan-Parkplatz *(Zona Campeggio)* und nach links die **Talhauptstraße** SS 406 (5.30 Std.).

Man folgt ihr wenige hundert Meter nach rechts, vorbei am Hotel Lac Bleu und der Station der Carabinieri und zweigt dann auf einem Teersträßlein links ab zum ruhig gelegenen **Albergo Leonardo Carrel** jenseits des Torrente Marmore (5.45 Std.).

Wer sich nicht auf eine Zwischenübernachtung eingestellt hat, findet eine Bushaltestelle in der Nähe des »Lac Bleu« oder geht auf dem Asphalt noch ca. 20 Minuten weiter nordwärts zur Kunstsiedlung Breuil/ Cervinia, Mussolinis Antwort auf Zermatt.

Zweiter Tag

Vom Albergo Leonardo Carrel nach Valtournenche

Gehzeit: 4.15 Std.

Anstieg: 600 m

Abstieg: 1100 m

Einkehrmöglichkeiten: Rifugio Barmasse am Lago di Cignana

Vom **Albergo Carrel** zurück über die **Brücke.** Auf der östlichen Seite zieht eine Art Feldweg oder breiter Pfad nach Süden, leicht absinkend. **Achtung:** Dieses Wegstück war zuletzt nicht markiert. Der **Torrente Marmore** gluckert und gischtet zur Rechten.

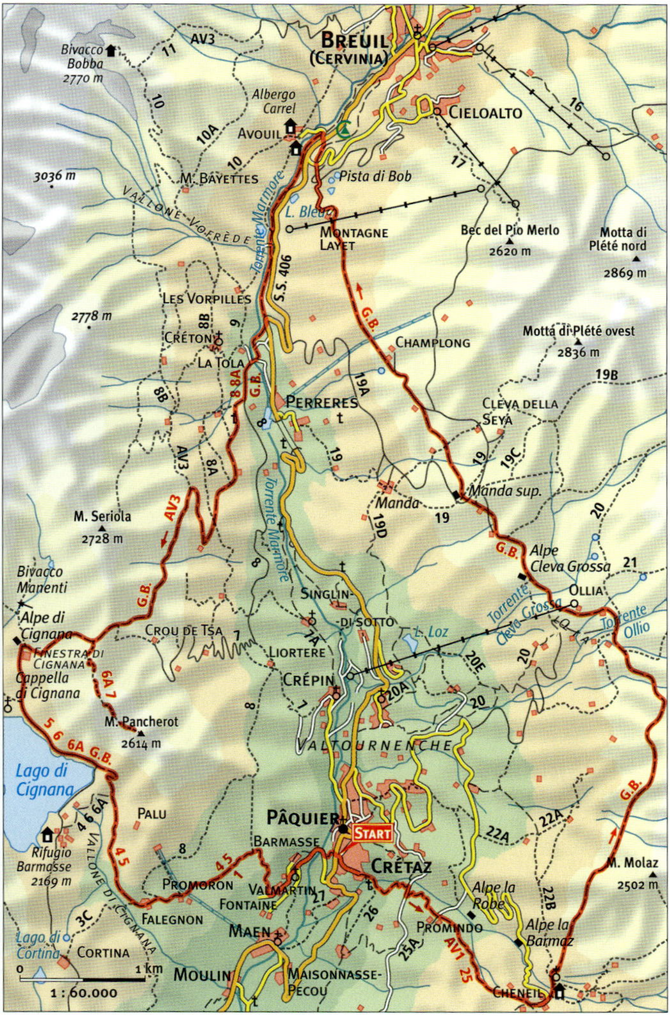

Jenseits des Bergwassers bald die Unansehnlichkeit eines Kieswerks, zu dem eine – für uns nicht relevante – Brücke hinüberführt. Bald durch grüneres, teils bewaldetes Terrain; da und dort Pfade zur nahen Staatsstraße oberhalb auf der Linken.

Unser Flussübergang erfolgt nach dem Hospiz der Salesianer, einer katholischen Kongregation, die in vielen italienischen Alpentälern Jugendheime unterhält. Über die **Brücke von La Tola** wechseln wir auf die Westseite des Flusses (30 Min.).

Hier links halten; einen rechts abzweigenden Weg unbeachtet lassen! Nach weiteren ca. 70 m weist rechts ein Schild (»Bivacco Manenti«) in einen Pfad mit der Nr. 107, dem wir aufwärts folgen, hinein in die Lärchenbestände. Bei einer Alpe signalisieren Schilder Viperngefahr. Kurz vor einer letzten Hütte knickt unser bislang südwärts verlaufender Pfad rechts ab. Genießen Sie in dieser Nordtraverse die letzten Matterhorn-Blicke! Weiter aufwärts. Wo der gut gewartete Pfad wieder auf Südwest schwenkt, stößt von rechts aus dem Wald der Höhenweg Alta Via 3 hinzu.

Oberhalb der Baumgrenze gewinnt unser Pfad, abschüssige Gras-

Abstiegspfad durch den Vallone di Cignana

hänge querend, an jener schönen Aussicht, die sein italienischer Name verspricht: Unten sieht man Crétaz/Pâquier liegen, auf der östlichen Talseite Cheneil in seiner Waldrodung. Ohne Mühe hinauf zur **Finestra di Cignana,** einem sanften Wiesenpass (2.15 Std.).

Gipfelmöglichkeit

Vom Pass führt links ein Pfad (Nr. 6A, 7) hinauf zum **Monte Pancherot** (2614 m). Weit nach Osten vorgeschoben, bietet der Berg herrliche Weit- und Tiefblicke ins Valtournenche. Nach Regenfällen erfordert der auf der Südseite über Steilhänge ziehende Pfad Trittsicherheit. Etwa 30–40 Minuten muss man für den Abstecher veranschlagen, natürlich ohne Gipfelrast.

Auch jenseits des Passes grüne Lehnen. Mäßig steil abwärts zur westlichsten Alpstation im Tal des Rivo di Cignana, der **Alpe di Cignana** (Brunnen). Hier trennt sich unsere Route wieder von der Alta Via 3, die auf einem Pfad nach rechts zum Bivacco Manenti und zum Rifugio Vuillermoz e Perucca zieht.

Wir schlagen statt dessen den breiten, stabilen Alpfahrweg nach links ein. Unterhalb breitet der **Lago di Cignana** sein Blau aus. Seit 1928 staut eine 58 m hohe Mauer um 150 000 m³ Wasser, mit dem das untere Valtournenche und Châtillon versorgt wird.

Ca. 700 m vor der Staumauer rechts ein Pfadabzweig zu einer Kapelle auf einem Geländebuckel, geweiht der ›Madonna vom Schnee‹. Wie der Damm selbst stammt sie aus dem Jahre 1928. Die Kapelle ist verschlossen, der Abstecher (hin und zurück ca. 15 Min.) lohnt kaum.

Wo die Alppiste den **Damm** erreicht, müssen Sie sich entscheiden: entweder nach rechts über die 402 m lange Dammkrone und jenseits des Gittertors (Durchschlupf) links hinauf zum Rifugio Barmasse; oder gleich links abwärts auf zunächst provisorischem, dann gutem Pfad (Nr. 4, 5; Alta Via 1) in den **Vallone di Cignana** hinunter. Nach 20 Min. wird das Tal enger, der Pfad steiniger.

Ab der Engstelle besetzt Wald die Talflanken. Nach der kleinen Rodung um den aufgegebenen Hochweiler **Falegnon** (hier läuft Pfad 8 von links hinzu) geht es, in einer Passage steil, zuletzt Zulaufrohre vom Lago di Cignana auf einem Holzsteg querend, hinunter zur Wasserstation **Promoron** (3.15 Std.).

Weiter in nordöstdliche Richtung. Den bislang dominierenden Nadelwald lösen Laub- und Buschwald ab. Bei einer Pfadgabel tiefer am Hang rechts (südlich) halten. Der Bewuchs wird lichter, und unterhalb sieht man das Dörfchen **Valmartin** liegen; man erreicht es – zuvor noch ein irrelevanter Pfadabzweig – von Süden her (3.50 Std.).

Unser Pfad geht nach links sogleich in eine Dorfgasse über. Kurz nach einem Brunnen rechts abwärts über eine Treppe zur Asphaltstraße, die das Dörfchen erschließt. Nach links, vorbei an der Josefskapelle von 1945 und abwärts zur **Brücke** über den Torrente Marmore.

Hier beginnt der Wiederaufstieg zur Talhauptstraße, zunächst weiterhin auf Asphalt. Bald jedoch links ein abzweigender Pfad, eine alte *mulattiera,* die hinauf zu einer Hauszufahrt führt. Wenige Meter weiter die Bushaltestelle von **Crétaz** (Rastbank). Links, schräg gegenüber sind wir am Vortag nach Cheneil aufgebrochen (4.15 Std.).

Rund um den Monte Faroma

Stille Wege zwischen Barthélemy-Tal und Valpelline

Ein Dreitausender, der Monte Faroma, bestimmt den Kurs unserer Wanderung. Über sieben sanfte, einsame, aussichtsreiche Pässe wird er in drei Tagen umrundet – und vielleicht ja auch erstiegen ...

Charakter: Mittelschwere Trekking-Runde. Bei Schneeauflage früh im Jahr ist der Aufstieg zum Colle di Vessona anspruchsvoll!

Wanderkarten: IGC 1:30 000, Blatt 115; Kompass 1:50 000, Blatt 87; IGC 1:50 000, Blatt 5

Anfahrt: Bus um 8 und 15 Uhr von Aosta nach Lignan (nur Juli und Aug.; Fahrzeit: 1 Std.); **Rückfahrt:** 9.10 und 16.10. Mit dem **Auto:** Am Zentralplatz viel Parkraum.

Hinweis: Für das Biwak Lebensmittel mitnehmen; Geschirr, Besteck und Kochgas sind vorhanden.

Erster Tag

Von Lignan zum Bivacco La Lliée

Gehzeit: 5.30 Std.

Anstieg: 1400 m

Abstieg: 600 m

Einkehrmöglichkeiten: Bar-Restaurants in Lignan und Clemenceau

Unterkunft: Bivacco La Lliée (16 Matrazenlager, Kochgas)

Vom Platz über der Kirche von **Lignan** (Waschraum, Toiletten) gegen die Anfahrtrichtung zurück bis zur

Straßengabel mit Holzkreuz und weiter durch eine ca. 150 m lange Allee nach **Clemenceau**, wo der Asphalt endet. Neben dem Hotel Luseney aufwärts zu einem Brunnen (Wegweiser) und rechts hinauf zu einem Karrenweg. Am Pfeiler eines Skilifts vorbei im Linksschwung zum nächsten Wegweiser.

Nun nordwestlich, Liftkabel unterquerend, auf einem grünen Fahrweg oberhalb von Clemenceau in das Bachtal des **Torrente Chaleby**, zunächst eben, dann in leichtem Anstieg, begleitet von Lärchen und Laubbäumen. Stets geradeaus, Abzweige auslassend, bis die Bachbrücke erreicht ist (50 Min.).

Jenseits über einen Fahrweg ca. 35 Höhenmeter aufwärts zu einer stabilen Alppiste; hier nach rechts auf die Berge zu. Nach 3 Minuten die nächste Pistengabel; hier scharf links und südwärts am Waldsaum entlang. Nach ca. 700 m über die steile Pistenböschung rechts aufwärts (1.15 Std.).

Auf ca. 2120 m erreicht unser Pfad (Nr. 8, 9, 105) Weidegelände; im Vorblick eine Klippe. Nach rechts zu Mauerresten hinüber, dort dann links (undeutlich!) und in Serpentinen einen steinigen Grashang hinauf (ca. 40 m links der Klippe). Nahe dem Talbach bei einem erratischen Block (Pfeil) rechts aufwärts und an einem zweiten Block vorbei auf den ›Rücken‹ der Klippe (ca. 2260 m; kurz vorher zieht Pfad 9 links zur Becca d'Aveille). Die **Alpe Léché** wird sichtbar. Auf Viehgeläuf am Hang zu ihr hinüber (2.15 Std.).

Wir berühren die verfallene Alpe (der Hirte wohnt in einer Art Biwakschachtel) nicht direkt. Das unübersichtliche Terrain auf der linken Seite des Bachs ist von Viehspuren durchzogen, die Richtung über bucklige Weidehänge jedoch unzweifelhaft. Es geht – zur Rechten die Höhen des Monte Faroma – stets westwärts, und der **Léché-Pass** liegt im Talausgang als Wieseneinsattlung bereits im Blick. Noch knapp 50 Minuten bis dorthin (3 Std.).

Vom Pass mit Pfad 4 hinunter in den Talkessel im Westen, wobei eine Kuppe rechts umgangen wird. Über ein Bächlein und weiter abwärts zum Auslauf einer Piste, der man kurz folgt, um ca. 30 m Luftlinie vor (!) der **Alpe Valchourda** rechts abzubiegen (3.30 Std.).

Hier, auf ca. 2380 m Höhe, beginnt (mit der 105 am Felsen) der Pfadaufstieg zum Barthélemy-Pass. Er führt – zunächst sehr staubige Spur – nach 15 Minuten in ein grünes Hochtal (Murmeltiere). Achten Sie fortan auf hochkant gestellte Felsblöcke mit gelben Marken! Sie führen uns über Weidehänge an Blockwerk und Felsen vorbei. Der **Col de St.-Barthélemy** ist wiederum ein Wiesenjoch (4.15 Std.)

Der dritte Pass für heute, der Col d'Arpeyssaou, wird erst im Abstieg sichtbar; ein Geröllhang zur Linken verdeckt ihn vorerst. Nach Nordwesten abwärts zu einem kleinen Bach und auf seiner rechten Seite, steil und unbequem, hinunter in Almterrain. Prägen Sie sich das Gelände mit dem durch ein Kreuz bezeichneten Wiesenkamm im Westen ein; ca. 15 m links des Kreuzes wird unser

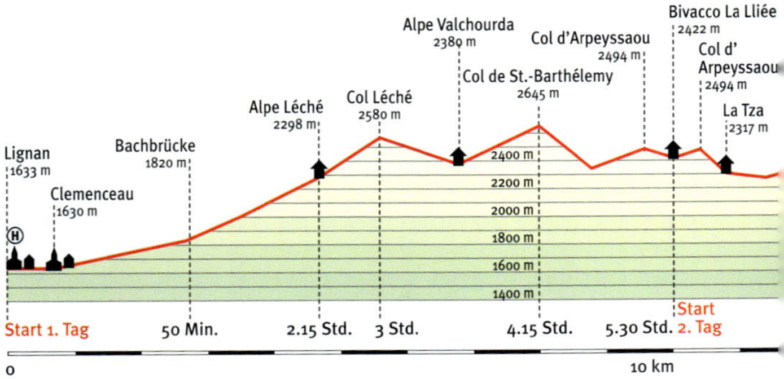

Übergang erfolgen. Denn Sie müssen nicht, wie die Karten es verzeichnen, bis zur Alpe La Tza absteigen, sondern können den Talbach schon vorher, auf ca. 2350 m, queren und dann auf jenen Kamm über Wiesen zuhalten, wobei Sie, die auffälligen Klippen in den Weidegründen rechts umgehend, wieder auf Wegzeichen stoßen. Zuletzt recht steil hinauf zum **Col d'Arpeyssaou** (Wegweiser; 5.20 Std.).

Unser Tagesziel, der **Bivacco La Lliée,** liegt ca. 70 m unterhalb. Über den Hang hinunter in die Weideebene und, an einer Stallung vorbei, zur hölzernen Giebelhütte, Eigentum der Gemeinde Oyace (s. Abb. S. 1). Bei gutem Wetter Montblanc-Blick, besonders reizvoll bei Sonnenuntergang (5.30 Std.).

Zweiter Tag

Vom Bivacco La Lliée zur Cuney-Hütte

Gehzeit: 7 Std.

Anstieg: 1250 m

Abstieg: 1000 m

Einkehrmöglichkeiten: Unterwegs keine

Unterkunft: Bivacco Rosaire e Clermont (16 Lager, Kochgas); Rifugio Cuney (27 Lager, bewirtschaftet im Juli, August; 4–6. 8. durch Wallfahrer belegt!)

Vom **Bivacco La Lliée** zurück zum **Arpeyssaou-Pass** (knapp 15 Min.) und mit den gelben Zeichen nach erstem steilerem Abstieg – das Wegstück von gestern –, stärker links haltend am Saum der Bruchsteinzone hinunter zur **Alpe Tza** (oberhalb die Kapelle der ›Schneemadonna‹, erbaut 1942). Nach links Valpelline-Blick; Pfad 4 zieht dort hinunter (45 Min.).

Zwischen den Bauten der Alpe hindurch nach Nordosten, wo sich am Gegenhang unser Pfad bereits abzeichnet. Der zahme Abstieg (Pfad 5) führt über den **Talhauptbach** in blockiges Weidegelände. Auf dünner Spur etwas unbequem nach links und bald – die untere Spur! – den Bach aus dem Vamea-Seitental queren. Etwa eine Minute später – von links stößt ein unbezeichneter Weg hinzu – beginnt der Aufstieg zum Pass.

Recht steil in einem Bogen wieder an die **Vamea-Bachschlucht** heran

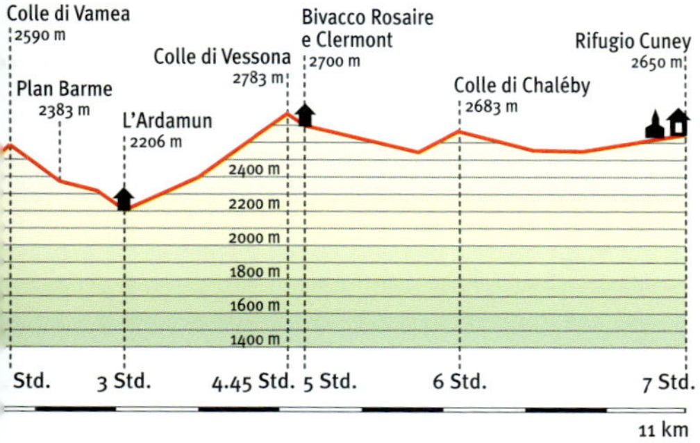

zu einer ersten Abflachung (1.30 Std.). Nach rechts zieht ein Jägerpfad über den Bach. Wir halten indes geradeaus zum Bachoberlauf. An einer Abbruchstufe sind 10–15 sehr steile Höhenmeter zu bewältigen.

Der Pass ist jetzt einsehbar. Rechts schiefrige Klippen, links Geröllfelder. Im Talgrün dazwischen sucht man sich (alternative Spuren) den Weg. Ohne Schwierigkeit hinauf zum **Colle di Vamea** (Wegweiser; 2.15 Std.), in dessen Bereich häufig Gämsen äsen.

Es folgt ein mehrstufiger Abstieg zur Ardamun-Alpe. Nach einer schottrigen Steilpassage (ca. 50 Höhenmeter) eine erste Abflachung; danach über felsige Wiesenhänge hinunter zur verfallenen Alpstation **(Plan Barme),** die man ca. 25 m zur Linken passiert. **Achtung:** Es fehlt an Markierungen in der Weideebene. Halten Sie halbrechts, mehrere Rinnsale querend. Der Abstieg an der nächsten Steilstufe erfolgt über einen Schotter-Block-Hang; im Vorblick eine grüne Kuppe (Wegweiser). Von dort über eine letzte Geländestufe (Viehspuren, auf gelbe Marken und Steinmänner achten!) halbrechts hinunter zum Talbach; jenseits – schon länger sichtbar – **L'Ardamun,** die höchste Alpe des Vessona-Tals (3 Std.).

Nach dem Bachsteg müssen Sie nicht halblinks zur Alpe hinüber; es geht vielmehr nach Osten, also rechts, mäßig steil durch eine öde Schotterebene, durchzogen von Runsen. Unser Pfad, die Nr. 5, ist mit den Dreiecken der Alta Via 1 bezeichnet. Erosionstrichter einer Bachschlucht oberhalb umgehend, zieht er nach ca. 30 Min. nach rechts (auf ca. 2400 m letztes Quellwasser) und wird steiler. Zuletzt in Serpentinen über steile Geröll- und Blockhänge zum **Colle di Vessona** (4.45 Std.).

Gipfelmöglichkeit

Der **Monte Faroma** (3073 m), Zentralgipfel unserer Runde, kann vom Pass ohne große Probleme erstiegen werden. Zunächst wenig steil über den Kamm. Ab dem Gipfelaufbau links halten und den Steinmännern folgen! Einige leichte Kletterstellen. Der Berg schwingt in mehreren hintereinander gestaffelten Spitzen auf; die vierte ist der eigentliche Gipfel. Im Blick liegen Monte Rosa, Matterhorn, Montblanc, Gran Paradiso. Hin und zurück knapp 2 Std.

Der gute Abstiegspfad vom Pass führt nach Nordosten. Knapp 100 m entfernt vom Pfad steht, 80 Höhenmeter tiefer, rechts der **Bivacco Ro-**

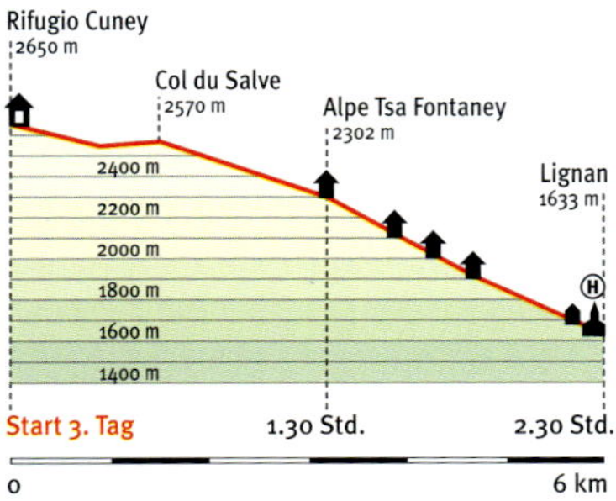

saire e Clermont (5 Std.), eine steinerne Giebelhütte (Wasser aus dem See ca. 30 m unterhalb). Wer den Monte Faroma bestiegen hat, wird hier Quartier nehmen.

Denn es sind noch fast 2 Std. bis zum Rifugio di Cuney. Auf gutem Pfad (Nr. 10) durch Blockgelände hinunter in die Weiden der **Plan Piscina** mit Tümpel und Alpruinen, danach am Wiesenhang aufwärts zum **Colle di Chaléby** (knapp 6 Std.) und am Saum einer reizvollen Fels-Weide-Landschaft mit eingelagerten Seelein zum **Wegweiser nahe dem Col du Salve.** Nach links leicht abwärts, bald über einen Bach und auf gutem Pfad unterhalb der Klippen zur Linken Richtung Norden absteigen, dann wieder aufsteigen; schließlich nach einer Linkswendung des Pfads durch kleinkammriges Gelände hinauf zur **Cuney-Hütte** und zur Kapelle, die beide erst, kurz bevor man sie erreicht, sichtbar werden (knapp 7 Std.).

Die Hütte ist Eigentum der Pfarrgemeinde St.-Barthélemy und wird seit einigen Jahren durch den italienischen Alpenverein bewirtschaftet. Die 1868 erbaute Kapelle, geweiht der ›Schneemadonna‹, lohnt allein aufgrund der naiven Votive den Besuch. Am 5. August zieht von Lignan eine Prozession hinauf nach Cuney, um dort die Messe zu feiern.

Dritter Tag

Von der Cuney-Hütte nach Lignan

Gehzeit: 2.30 Std.

Anstieg: 50 m

Abstieg: 1050 m

Einkehrmöglichkeiten: Unterwegs keine

Von der Cuney-Hütte zurück auf dem Weg von gestern bis zum **Wegweiser vor dem Col du Salve** und einige Minuten später zum Pass selbst (45 Min.). Leichtfüßig (Pfad 11) über den Sattel nach Süden zu einem Kreuz, bei dem wir den Passbereich wieder verlassen – hinunter in eine Weidelandschaft, in der halbrechts bereits die nächste Alpe zu erkennen ist. Auf dem Weg dorthin an einem kleinen See vorbei und durch einen Quellgrund, wo sich eine rauer Jeepweg ausbildet. Mit ihm schräg am Hang hinunter zu der durch eine Piste erschlossenen **Alpe Tsa Fontaney** (1.30 Std.).

Achtung: Ca. 30 m links der Stallecke verlässt unser Pfad die Piste nach Süden in Hochgrasgelände hinein (Markierung auf flachem Stein, kein Wegweiser, leicht zu übersehen). Sanft abwärts. Auf ca. 2250 m ein Holzwegweiser. Links geht es nach Porliod; wir steigen indessen direkt nach Lignan ab, nach einem Bach bald im Lärchenwald und weiter hinunter zu einer überwachsenen Piste. Nach rechts. Bald darauf durch Weidegelände an den verfallenden Bauten der **Alpe Fontaney** vorbei (die neue Alpe liegt etwas tiefer zur Linken). Weiter abwärts, nochmals durch Wald, und ab ca. 2000 m Höhe zu immer neuen Alpen. Die sich nun deutlich ausgeprägende Piste zieht, zuletzt am Zug eines Skilifts und einer meteorologischen Station mit Observatorium vorbei, zum Zentralplatz von **Lignan** (knapp 2.30 Std.).

Der lange Weg nach Closé

Von Glassier im Ollomont-Tal hinüber ins Valpelline

Durch ein grünes Tälchen hinauf in die weite Almebene unter dem Alpenhauptkamm mit Dreitausendern wie Mont Avril und Mont Gelé; danach mit Prachtausblicken über zwei Pässe ins obere Valpelline – eine stille, genussreiche Wanderung.

DIE WANDERUNG IN KÜRZE

++ Anspruch

6.15 Std. Gehzeit

1400 m An-/Abstieg

Charakter: Mittelschwere Streckenwanderung auf Bergpfaden

Wanderkarten: IGC 1:30 000, Blatt 115; Kompass 1:50 000, Blatt 87; IGC 1:50 000, Blatt 5

Einkehrmöglichkeiten: Unterwegs keine; in Oyace, 20 Min. vom Endpunkt der Wanderung, ein Bar-Restaurant

Anfahrt: Mit dem **Bus** um 10.30 Uhr von Aosta nach Glassier (an: 11.10 Uhr) – **Rückfahrt:** Busse um 17.20 und 19.20 Uhr (letzte Verbindung!) von Closé nach Aosta (an: kurz nach 20 Uhr). Die Anfahrt mit dem **Pkw** ist unpraktikabel.

Glassier (Glacier) ist der höchste durch eine Asphaltstraße erschlossene Ort im Ollomont-Tal. Der Bus hält im Ort kurz vor der Bachbrücke. Wir queren die Brücke, folgen im Aufstieg kurz einer Piste und gehen rechts eines einsamen Gehöfts auf Pfad Nr. 6 über, der am bewaldeten Hang aufwärts in das Gaula-Tälchen hineinzieht. Nach ca. 40 Min. passiert er links die Kapelle **Notre Dame della Gaula,** die an und in den Fels gelegt ist, und windet sich in offeneres Gelände mit herrlichen Blumenwiesen. Bei einem sanften Pass beginnt Weideterrain; unweit sieht man einen Bach fließen (1.15 Std.).

Doch wir steigen am Hang zur Rechten noch ›eine Etage höher‹ zu den verfallenen Alphütten **Les Pla-**

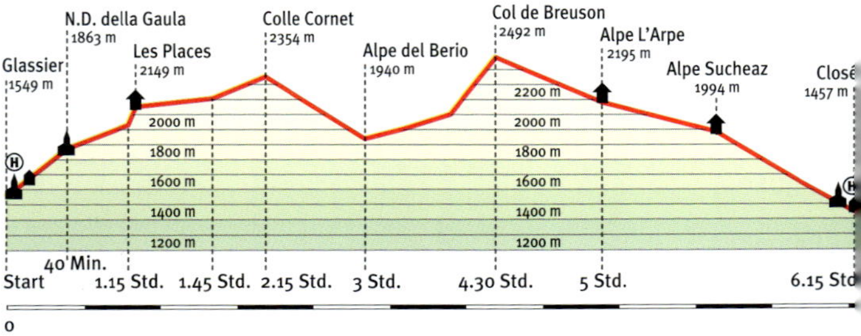

Die Weidegründe der wasserreichen Conca dell'Acqua Bianca

ces in sattem Grün auf – ein schöner Rastplatz (1.30 Std.).

Unser Pfad zieht nun stärker nach rechts, also ostwärts, am Hügelsaum entlang. Zur Linken breiten sich die von mäandrierenden Wasserläufen durchzogenen Weidegründe der **Conca dell'Acqua Bianca** aus, im Norden überragt von Mont Avril und Mont Gelé. Zwischen diesen beiden Dreitausendern ermöglicht mit dem Fenêtre de Durand ein historisch bedeutsamer Pass den Übergang in die Schweiz; der Reformator Calvin benutzte ihn zur Flucht aus Italien.

Unser Fußweg gabelt sich auf knapp 2200 m Höhe (1.45 Std.). Pfad 6, den wir bislang benutzt haben, führt mit dem Wegweiser »Bivacco Regondi« weiter nach Osten in die Schrofen und Vorhügel der abweisenden Morion-Kette (s.u.). Wir wählen am Wegweiser dagegen einen Pfad – unmarkiert, aber klar ausgebildet –, der nach Süden, also nach rechts, einen schottrigen Hang hinaufzieht. Nach ca. 20 Minuten öffnet sich der Blick auf den **Lago Cornet** unter der Kuppe der Cornet-

Höhe; schön ist auch der Rückblick hinunter ins ›Weißwasser‹-Tal. Nun ist es nur noch ein Katzensprung bis zum **Colle Cornet.** Sie erreichen den flachen, weitläufigen Pass, wenn Sie den Hangpfad links des Sees nehmen (2.15 Std.).

Am Pass wieder gelbe Markierungen des Pfades 6 (der auf einem Umweg zuerst in die Geröllfelder unter dem Bivacco Regondi und dann, spitzwinklig abknickend, entlang eines Kanals aus dem Lago dell'Incliousa zu unserem *colle* gezogen ist). Wir steigen mit diesen Marken nach Südwesten ab Richtung Ollomont-Tal, lassen eine gestreckte Stallung rechts am Hang zurück und erreichen, zuletzt steil und auf ausgetreten-rutschigem Pfad, die Weiden um die **Alpe del Berio** (ca. 1940 m; die Angabe 1893 m in den Karten ist falsch), denen der oben erwähnte Kanal über eine Hangrinne Wasser zuführt (knapp 3 Std.).

Achtung: Lassen Sie sich nun nicht auf den gelb markierten Fahrweg ziehen, der die Alpe mit dem Dorf Ollomont verbindet (bis dorthin noch reichlich 1 Std.; wenig attraktive Route)! Unser Pfad (Nr. 7; Alta Via 1) verläuft unmittelbar oberhalb (!) der Alpe nach Osten, zunächst durch lichten Nadelwald und nicht sonderlich fordernd. Jenseits der Baumgrenze, wo man die Steilhänge zum Erosionsschutz quergekerbt hat, wird der Serpentinenpfad indes sehr steil, und da und dort kann an den Erd-Wiesen-Flanken Handeinsatz notwendig werden, zumal bei Feuchtigkeit. Somit also nicht ohne Mühe empor zum Übergang, dem **Col de Breuson,** der Prachtausblicke nach Ost und West bietet (Wegweiser; 4.30 Std.).

Der Pass ist nur eine ›Schwachstelle‹ im Südausläufer des Morion-

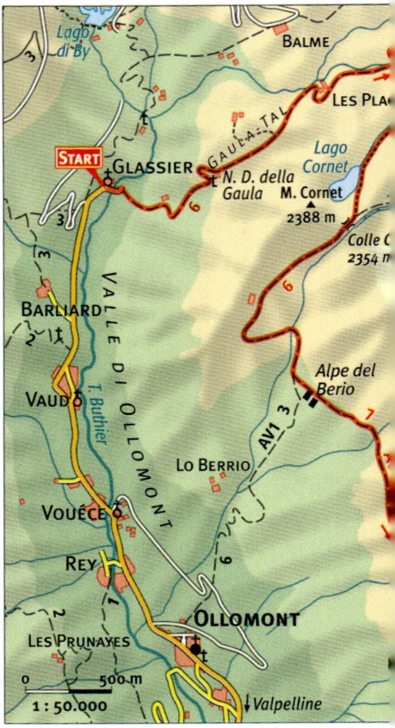

Massivs, kein markantes Joch. Eine tälerverbindende Bedeutung besaß er nie, die Bergbauern benutzten stets das Ollomont-Tal, wenn sie ins Valpelline wollten.

Der Abstieg – Pfad Nr. 2, Alta Via 1 – ist weniger steil als der Aufstieg. Er führt über die Hänge eines Talkessels hinab zu den Hütten der schon vom Pass her sichtbaren **Alpe l'Arpe** (einige Meter unterhalb ein besonders frischer Quell). Abzweigmöglichkeiten sind irrelevant; wir treten mit dem Hauptpfad – links oberhalb ein weiterer Alpbau – in Lärchenwald ein (5 Std.).

Es geht nach links ›um die Ecke‹, soll heißen: Der gut ausgebildete Pfad schwenkt am Waldhang allmählich von Ost auf Nordost, zunächst mit vielen ebenen Passagen, dann stärker absteigend in das Terrain der **Alpe Sucheaz.** Achten Sie

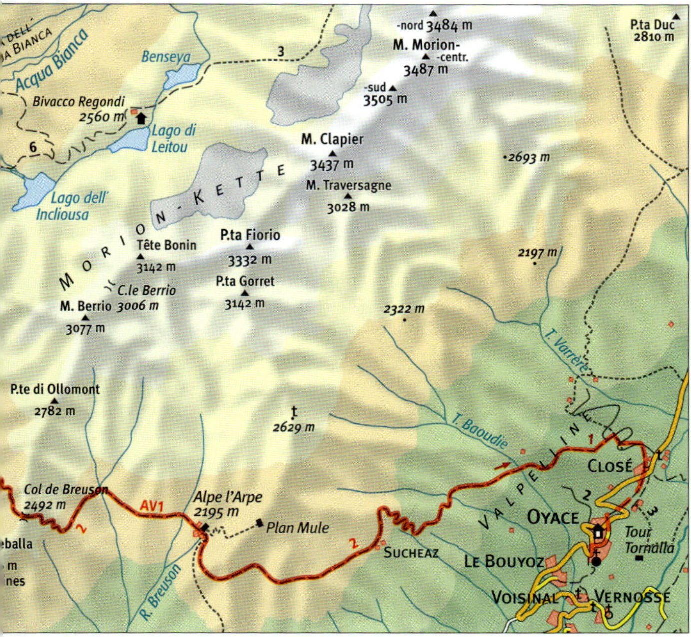

hier genau auf die Wegmarken! Und weiter im Abstieg nach Nordosten durch Wald, teils über Serpentinen und einmal ein Bachtal querend. Bald nach dem **Torrente Baoudie** lichtet sich der Wald – am Hang unterhalb Hütten und Wasserbauten –, und wenig später läuft der Pfad auf eine stabile Alppiste hinaus.

Ihr folgen wir abwärts, gehen die lang gezogenen Schleifen aber nicht aus, sondern kürzen mehrfach (die Markierungen beachten!) mit dem altgedienten Pfad ab, der schließlich in eine Dorfgasse des Weilers **Closé** übergeht und neben dem seit Jahren geschlossenen Hotel Otemma die Talhauptstraße erreicht. Rechts ein Brunnen; links die Bushaltestelle (6.15 Std.).

Wer länger auf den Bus warten muss und Restauration sucht, findet sie 20 Minuten entfernt im Dorf Oyace. Im Abstieg benutzt man die alte, breite *mulattiera,* die dem Hotel schräg gegenüber, etwas unterhalb, einsetzt; bei der nächsten Häusergruppe nach rechts über den Asphalt und oberhalb der Hauptstraße weiter; schließlich die Straße nochmals nach links queren und über ein Nebensträßlein hinunter nach **Oyace,** wo es ein angenehmes Bar-Restaurant (mit Lebensmittelgeschäft) gibt. Der Bus hält – ca. 3 Min. entfernt – an der platzartig erweiterten Straßenkurve unterhalb der Dorfkirche (6.30 Std.).

In der grünen Muschel

Von Rey durch die Conca di By nach Glassier

Gerahmt von hohen Dreitausendern, gehört die grüne Talmuschel der Conca di By zu den Almparadiesen des Aosta-Tals. Eine historische Sehenswürdigkeit ist der 500 Jahre alte Kanal (Ru de By), dem wir über viele Kilometer folgen.

DIE WANDERUNG IN KÜRZE

+ Anspruch

5 Std. Gehzeit

750 m Anstieg

550 m Abstieg

Charakter: Einfache Rundwanderung auf Bergpfaden, Karrenwegen und Alppisten; am Anfang und Ende Asphalt

Wanderkarten: IGC 1:30 000, Blatt 115; Kompass 1:50 000, Blatt 85; IGC 1:50 000, Blatt 4

Einkehrmöglichkeiten: Nur am Anfang und Ende der Wanderung: Bar und Lebensmittelladen in Ollomont, Hotel Foyer des Guides in Vaud

Anfahrt: Bus um 10.30 Uhr von Aosta (35 Min. bis Ollomont/Rey) – Rückfahrt: 17.23 Uhr von Glassier nach Valpelline; dort umsteigen (direkter Busanschluss) nach Aosta (an: kurz nach 18 Uhr). Mit dem **Auto:** Großer Parkplatz vor Rey; zurück zum Wagen von Glassier nach Rey in ca. 35 Min. über den Asphalt.

Manchmal ist der Busfahrer gnädig und setzt Sie in Rey ab. Hält er aber auf Fahrplan-Korrektheit, müssen Sie bereits in **Ollomont** (150 Ew.), dem Hauptort des Tals, am Platz vor der Bürgermeisterei (Brunnen, Bar, Lebensmittelgeschäft) aussteigen, denn Rey selbst besitzt offiziell keine Bushaltestelle. Das ist etwas lästig, aber nach knapp 15 Minuten zu Fuß entlang der Asphaltstraße ist zur Linken der **Rey-Abzweig** erreicht.

Nun über die Brücke und (Abzweige links und rechts ignorierend) auf

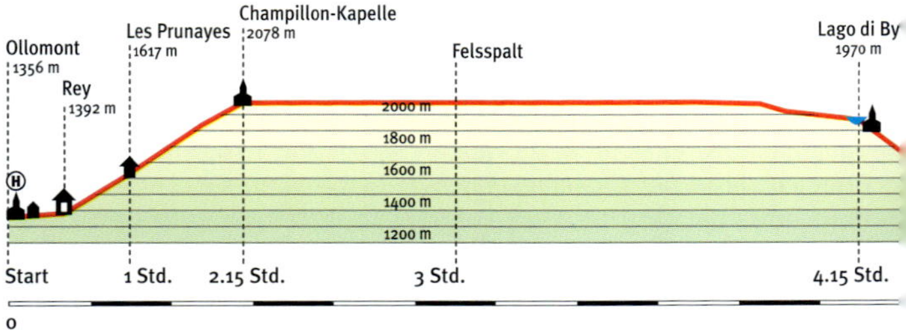

Teer zum Weiler **Rey** hinauf, wo das neue Hotel Vecchia Miniera (Restaurant, Bar) in einem Links-Rechts-Schwenk aufwärts umgangen wird. Der Name (›Alte Mine‹) erinnert übrigens an die Bergbautraditionen des Valpelline und des Ollomont-Tals, wo bis zum Ende des Zweiten Weltkriegs Kupfer und Pyrit gefördert wurden. Rey selbst war ursprünglich eine Bergarbeitersiedlung.

Der Pfad – er gehört zur Alta Via 1 – zieht oberhalb des Hotels nach links, zunächst kurz unterhalb des Waldsaums, dann in den Wald hinein. Bald kreuzt er, schräg nach links, einen überwachsenen Karrenweg, der eben am Hang hinzieht. Aufwärts zu einer Pfadgabel. Hier halten wir rechts (Pfad Nr. 2) und steigen zur Rodung von **Les Prunayes** mit verlassenen Alphäusern auf (1 Std. von Ollomont).

Nun ohne Ausblick aufwärts durch den Wald, einmal einen Bach berührend, bis auf 1920 m Höhe eine Alpweide erreicht ist (Wegweiser mit falscher Höhenangabe). Der Pfad kann früh im Jahr durch hohes Gras überwachsen sein, doch ist unser Zwischenziel, die Cappella di Champillon, oberhalb bereits sichtbar. Halten Sie, falls Sie den Pfad verlieren, leicht halbrechts auf niedere Klippen zu und haben Sie Acht im Aufstieg, denn Trockengräben kerben den Hang.

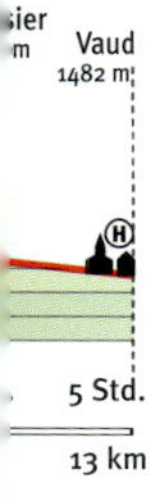

Der kleine Stausee in der Conca di By

Bei den Klippen (mit Wegmarken) erreichen Sie einen rauen Karrenweg, der nach links hinauf zu einer Alppiste zieht. Sie müssen den Weg nicht ausgehen; Abkürzungspfade führen vorab zu jener Piste hinauf. Nun kurz nach rechts bis zur **Champillon-Kapelle** von 1690 (verschlossen), die etwas oberhalb der Piste an den Hang gelegt ist. Man passiert die *cappella* – sie ist der ›Schneemadonna‹ geweiht – auf der Linken und erreicht über dem Gotteshaus die berühmte **Ru de By,** einen 500 Jahre alten Kanal, der bis heute (1949 restauriert) Wasser aus der Bergkette zwischen Mont Velan und Grand Tête de By in die sonnenbegünstigten, aber wasserarmen Hänge um Doues im Auslauf des Bernhard-Tals leitet (2.15 Std.).

Wir folgen dem – hier offenen – Kanal nach rechts auf einem Begleitpfad, erreichen bald eine Piste (mit der die Alta Via 1 aufwärts zieht), queren sie und halten uns auf der anderen Seite weiter entlang der Ru de By, die nahezu eben, zunächst durch lichten Wald, dann durch offenes, aussichtsreiches Almgelände nach Norden verläuft (s. Abb. S. 8/9).

Es erübrigt sich, die landschaftlich bezaubernde Route im Detail zu beschreiben. Orientierungsprobleme gibt es nicht. Allgemein so viel, dass zur Rechten, etwas unterhalb, Alpen zurückbleiben, dass der Kanal bald nicht mehr offen, sondern geschlossen (Rohrleitung) geführt wird, dass man teils auf Pfaden, teils auf Karrenwegen geht und dass man sich an einer Stelle durch einen Felsspalt zwängen muss (3 Std.).

Bald nach diesem Spalt ist die westlichste Kurvatur unseres Weges erreicht, der gelegentlich in schwarzer Raute auf gelbem Grund mit den Buchstaben TDC markiert ist – Kürzel für den schweizerisch-italienischen Höhenweg Tour des Combins. 100 oder 150 m nach einer Alphütte ist dann Achtung geboten (knapp 10 Min. nach dem Felsspalt). Von der rauen, überwachsenen Piste, die wir hier benutzen, verläuft unsere Route (schlechte Markierung, der Abzweig inmitten von überwachsenem Abraum ist leicht zu übersehen) als Pfad nach links aufwärts, während der Karrenweg absinkend bald Betonanlagen und Wasserbauten passiert.

Bald darauf geht es einige Meter steil hinunter und hinauf durch ein erodiertes Bachtal (3.15 Std.), dann wieder bequem und eben nach Nordosten, meist auf rauen Alppisten, an einer Stelle, Fels zur Linken, aber auch auf dem Kanalrand balancierend. In der Nähe der Alpe Porchère quert der Aufstiegspfad zum Bivacco Savoia unsere Route. Wir sind hier etwa 2100 m hoch, und der Weg schwenkt nun fast exakt auf Nord. Pistenabzweige im Folgenden sind irrelevant. Halten Sie sich an die TDC-Markierungen und somit die Höhe, bis rechts ein Pfad abzweigt und uns über den Hang ca. 60 Höhenmeter hinunter zu einer tieferen Piste führt. Noch tiefer sieht man im Grund der *conca* einen kleinen Stausee, 1955 angelegt, der die Bergwässer sammelt (ca. 33 000 m^3). Dieser See ist unser nächstes Ziel (3.45 Std.).

Sie können entweder auf der unteren Piste nach links gehen und später rechts abwärts, den Alpweiler By passierend, an den Ostrand des Sees gelangen oder, etwas kürzer, rechts halten, an einer Alpe vorbei, um nach insgesamt ca. 7 oder 8 Minuten links in die Zufahrt zu einem einzeln stehenden Haus abzubiegen. Jenseits des Hauses abwärts durch Gehölz und über Wiesen (undeutlicher Pfad) zum Westende der **Staumauer,** die überschritten wird. Am anderen Ufer einige Dutzend Meter halblinks zu einer **Kapelle,** wo der Alternativweg vom By-Weiler hinzustößt (4.15 Std.).

Im Folgenden benutzen wir die alte *mulattiera,* die links etwas unterhalb der Kapelle ansetzt und zunächst nach links zieht, danach in vielen Serpentinen, zuweilen mit alten Pflasterresten, über einen Trockenhang hinabzieht. Auf halbem Weg berührt sie einen Bach, bald darauf ein stattliches **Gehöft mit Aquädukt.** Ab dort ist die *mulattiera* in der Art einer Treppenrampe neu ausgebaut. Links unten sieht man die Häuser von **Glassier** liegen, einem Weiler, an dem die Asphaltstraße durchs Ollomont-Tal endet (4.50 Std.).

Wir erreichen den Asphalt ca. 70 m rechts der kleinen Ortschaft, die nur in der Sommersaison (selten) vom Bus angefahren wird. Wenn Sie länger warten müssen, sei empfohlen, nach rechts/abwärts noch ca. 10 Min. Asphalt zu treten und im hübschen Weiler **Vaud** in der Bar des Hotels Foyer des Guides einzukehren (5 Std.).

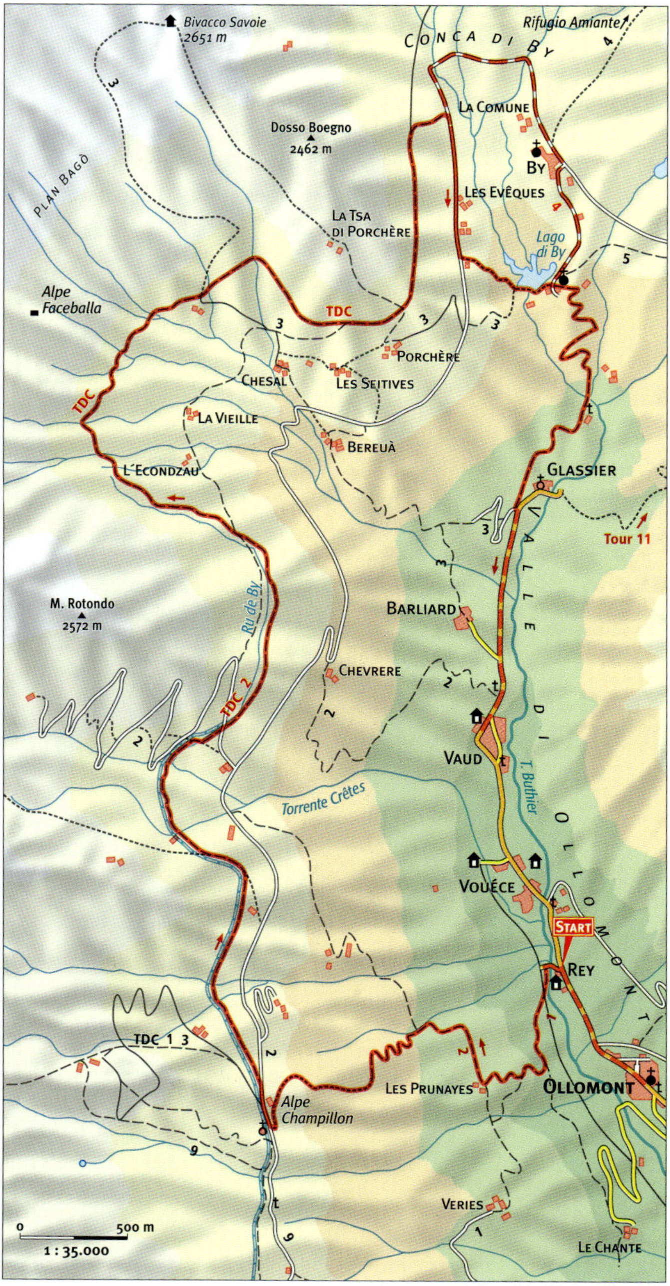
Bivacco Savoie 2651 m
Rifugio Amiante
Conca di By
La Comune
By
Dosso Boegno 2462 m
Plan Bagò
Les Evêques
La Tsa di Porchère
Lago di By
Alpe Faceballa
TDC
Porchère
Chesal
Les Seitives
La Vieille
Bereuà
L´Econdzau
Glassier
Tour 11
Ru de By
M. Rotondo 2572 m
Barliard
Chevrere
TDC 2
Vaud
Valle di Ollomont
T. Buthier
Torrente Crêtes
Vouéce
Start
Rey
TDC 1 3
Les Prunayes
Ollomont
Alpe Champillon
Veries
Le Chante
0 500 m
1 : 35.000

Wo Napoleon entlangzog

Vom Colle Gran San Bernardo nach Etroubles

Zwischen dem Großen St. Bernhard und Plan Puitz bewegen wir uns auf dem aussichtsreichen historischen Weg, den Napoleon 1800 benutzte. Danach durch das einsame Menouve-Almtal und hinunter in die 2000 Jahre alte Wegstation Etroubles.

DIE WANDERUNG IN KÜRZE

+ Anspruch

6.30 Std. Gehzeit

300 m Anstieg

1500 m Abstieg

Charakter: Einfache Streckenwanderung auf Bergpfaden, Alp- und Waldwegen. Einige Passagen sind unmarkiert; es ist also Achtsamkeit geboten.

Wanderkarten: Kompass 1:50 000, Blatt 85; IGC 1:50 000, Blatt 4 (beide verzeichnen die Route nicht exakt)

Einkehrmöglichkeiten: Hotelbar am Großen St. Bernhard, Bar bei der Cantoniera (nur am Wochenende geöffnet), Bars in Etroubles

Anfahrt: Bus von Aosta um 9.40 Uhr zum Gran San Bernardo; Ankunft: 10.50 Uhr – **Rückfahrt** von Etroubles um 17.50, an Wochentagen auch um 18.50, nach Aosta (30 Min.). Bei Anfahrt mit dem **Auto** den Wagen in Etroubles abstellen (nur wenig Parkraum) und mit dem Bus (gegen 10.10) weiter zum Pass.

Der Bus von Aosta hält am Beginn der Passhöhe des **Gran San Bernardo** vor dem Hotel Italia auf 2458 m Höhe. Wir gehen, die Straße verlassend, links am Hotel vorbei, lassen auf seiner Rückseite die Bernhard-Statue ca. 20 m zur Rechten zurück und erreichen nach drei Dutzend Metern in unübersichtlichem, von Wegspuren durchzogenen Terrain die in den Fels gemeißelte Trasse der **Römerstraße** (s. Abb. S. 10/11) – und

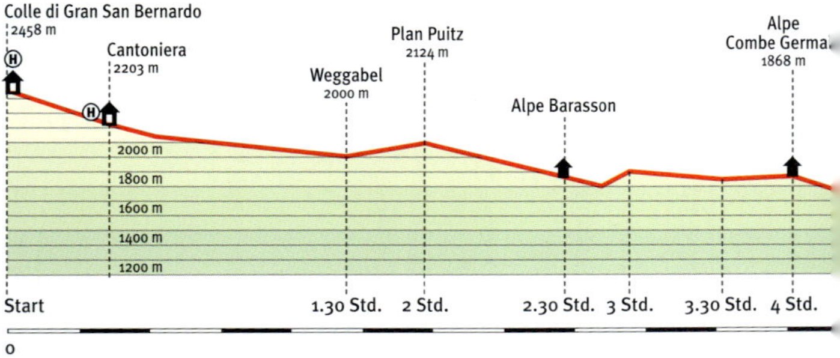

mit ihr die Markierungen der Tour des Combins wie auch der Tour Aosta-Martigny (TDC bzw. TAM in gelber Raute). Entlang des Felswegs im Links-Rechts-Abstieg hinunter zur Passstraße kurz vor einer Tunnelgalerie; die viel befahrene Straße schräg queren (Vorsicht!) und linkshaltend hinab zu einem Karrenweg unterhalb des Asphalts (10 Min.).

Auf diesem Weg westwärts, unterhalb der Straße, dabei einige Rinnsale querend, zu einer Verzweigung. Hier links und über wasserreiche Wiesenlehnen, teils entlang einer niederen Mauer, in Richtung einer roten Gebäudegruppe, bekannt als *Cantoniera*. Mittwegs schneidet unser Weg abermals den Asphalt. Vor der alten Straßenmeisterei, der **Cantoniera** (auch: Cantine), noch ein Bachsteg, dann geht es zum dritten Mal über die Pass-Strasse (Wegweiser). Rechts des dreistöckigen Baus (ein altes Hospiz) setzt sich unser Weg südwärts fort; er entfernt sich nun von der modernen Straße (reichlich 30 Min.).

Nach ca. 700 m bei einem Sturzblock eine Verzweigung. Wir verlassen hier die TMB/TAM-Route (die Römertrasse), die nach St.-Rhémy absinkt, und schlagen den linken, breiteren Weg ein. Links eine Aufmauerung. Ein Schriftzug nennt unser nächstes Ziel, die Hochebene Plan Puitz. Aussichtsreich, jedoch nicht außer Hörweite des Straßenverkehrs, geht es teils karrenwegbreit, teils pfadschmal unter dem Alpenhauptkamm (Mont Mort, Testa di Barasson) über steinige Wiesenhänge nach Südosten. Tiefer am Hang schützen Lawinensperren die Einfahrt in den St.-Bernhard-Tunnel. Schließlich erreichen wir den Wald im Osten der Talenge und dort auf fast genau 2000 m Höhe eine Weggabel (1.30 Std.).

Abwärts würde man auf einer Waldpiste Bourg St.-Rhémy erreichen, das alte *Eudracinum* der Römer. Wir nehmen indes den Pfad, der links (»Plan Puitz«) durch den Wald aufsteigt. Eine wuchtige Mauer gehört zu einer alten Verteidigungslinie, denn wir folgen seit der *Cantoniera* der Route, auf der Napoleon im Mai 1800 Richtung Aosta zog und die später militärisch gesichert wurde. Eine Lichtung bietet kurz darauf Aussicht auf die Dörfer am Ausgang des Bernhard-Tals (Quelle; schöner Rastplatz). Danach steil aufwärts und durch eine Felsscharte zum Wiesengrund **Plan Puitz,** den wir nach rechts – nicht den Pfad nach links nehmen! – etwa in Richtung eines Leitungsmasten in leichtem Gegenaufstieg über einen Kamm wieder verlassen. Wer genau hinblickt, nimmt hier wie auch im Abstieg verdeckte militärische Unterstände wahr (2 Std.).

Auf einer **Forstpiste** (Weg Nr. 14) nach links in lang gezogenen Schleifen bequem abwärts durch lichten Lärchenwald. Etroubles, Endziel unserer Wanderung, wird sichtbar. Auf ca. 2020 m Höhe am Abzweig einer Nebenpiste vorbei. **Achtung:** In der zweiten Rechtskurve der Piste biegen wir links auf einen verwilderten Waldweg ab und folgen ihm über 200 oder 300 m, bis uns ein gelber

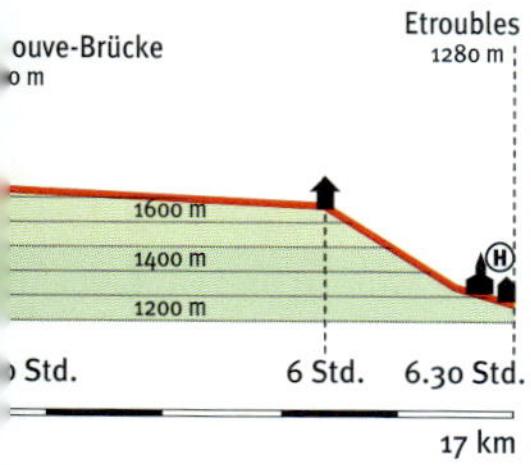

Pfeil rechts in einen schmalen Pfad einweist.

Eine Minute später stehen wir am Waldsaum über der **Alpe Barasson,** steigen zu ihr hinunter, wandern über die Alpzufahrt nach links und folgen dann der Hauptpiste nach rechts, also abwärts, über den Barasson-Bach, bald darauf Skelettmasten-Stromkabel unterquerend (2.45 Std.).

Wenig später zweigt links ein Fahrweg von unserer Piste ab. Mit ihm aufwärts. Markierungen fehlen. Nahe der ersten Kehre eine verfallene Alpe. Über Wiesen und durch lockeren Baumbestand gegen die letzte Abstiegsrichtung nordwärts, bis sich rechts ein überwachsener Waldweg öffnet (3 Std.).

Dieser fast ebene Weg – auch hier keine Markierungen – wird offenbar seit langem nicht mehr benutzt. Im hohen Gras zeichnet sich aber ein schmaler Fußpfad ab. Eine knappe halbe Stunde schlendern wir, gelegentlich mit Blicken ins Bernhard-Tal, bequem dahin, dann gabelt sich der Weg – vor dem Holzschlagbezirk 57 –, und wir verlassen den Wald rechts/abwärts auf eine Alpe zu, die über der Verbindung von Menouve- und Bernhard-Tal liegt (3.30 Std.).

Auf der Alpzufahrt nach links. Auf der anderen Talseite ist das Wiesenjoch des Colle di Champillon zu erkennen. Unsere Piste zieht eben an einem Wasserbau und einer weiteren Alpe vorbei. **Achtung:** Nach nur 5 Minuten verlassen wir den Fahrweg in einer scharfen Rechtskurve links/aufwärts in den Wald (undeutlicher Pfadansatz) und erreichen sogleich ein starkes Wasserrohr.

Dem Pfad, der diese Rohrleitung auf der rechten Seite begleitet, folgen wir nun – weithin eben – durch den Wald. Wo er nach einer Viertel-

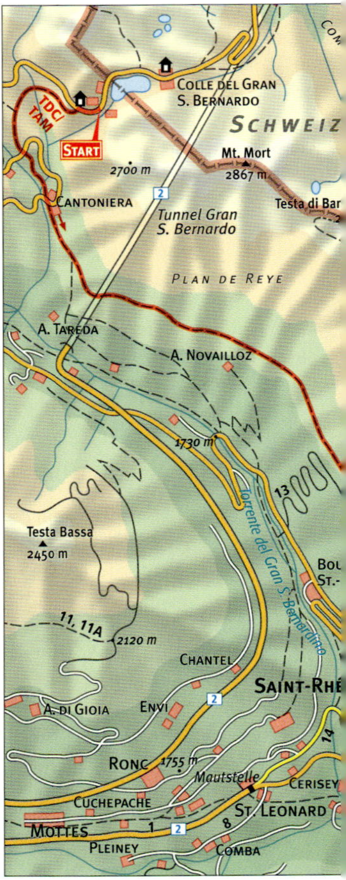

stunde Almgelände erreicht, löst ein offener Kanal die Rohrleitung ab. An diesem Kanal – holprige Spur – noch ca. 250 m entlang zur modernen **Alpe Combe Germain,** die durch eine stabile Alppiste erschlossen ist (knapp 4 Std.).

Auf diesem Fahrweg in Schleifen abwärts über Almlehnen, auf ca. 1770 m aber nicht weiter talaus, sondern scharfwinklig links auf eine schwächere Piste abbiegen, die zum **Menouve-Talbach** (ca. 1750 m) hinunterführt. Über die Brücke und auf

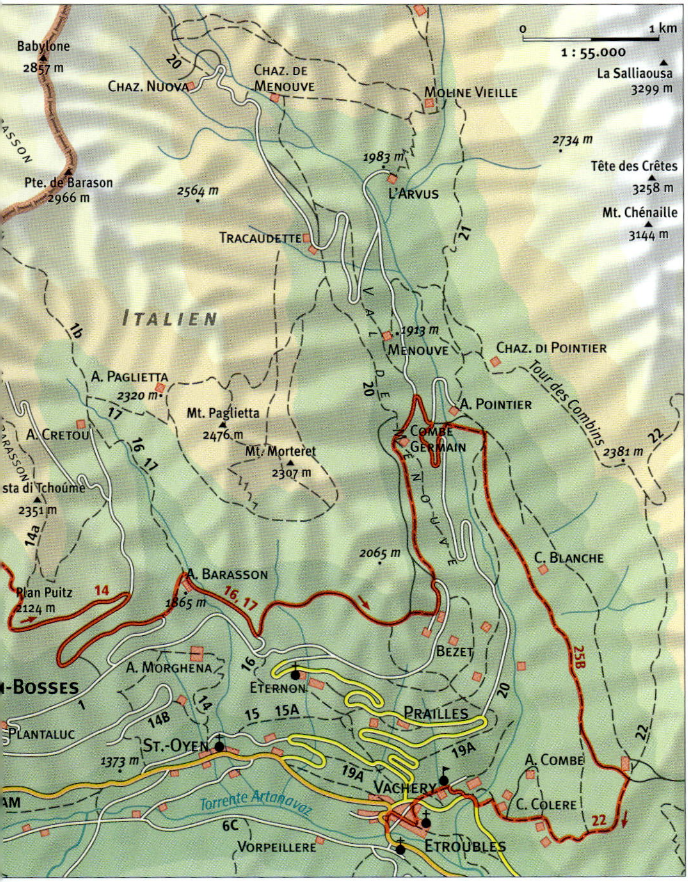

der anderen Seite in wenigen Minuten aufwärts zu einer Wegspinne (4.20 Std.).

Für uns ist nicht die hier querende Alta Via 1 maßgebend, sondern die Markierung 25B. Sie bezeichnet einen Fahrweg, der zum nahen Wald und danach mehr als eine halbe Stunde fast eben nach Süden zieht. Gelegentlich schöne Ausblicke ins Tal des Großen St. Bernhard. Achtung, wenn Sie links vom Hang herabkommende Stufen passieren und bei einem grün umzäunten **Wasserbecken** (knapp 5.30 Std.) anlangen: Etwas unterhalb sehen Sie hier auf der anderen Fahrwegseite ein intaktes, aber unbewohntes Alphaus mit Blechdach. Zu diesem Bau führt ca. 15 m *vor* (!) dem Becken über den Rain ein versteckt ansetzender Pfad hinunter – unser Pfad (Nr. 22) nach Etroubles. Vom unteren Hauseck geht es erst durch wuchernde Almwiesen, dann durch Nadelwald in etwa 10 Min. südwestlich hinunter zu einem bäuerlichen Nutzbau (Wegweiser), der an einem trockengefal-

Waldweg zwischen dem Menouve-Tal und dem Tal des Großen St. Bernhard

lenen Kanal steht. Von dort, bald wieder in der bisherigen Richtung, also südwestlich, durch Misch- und Buschwald mit eingestreuten ungemähten Graslehnen, bis der schmale, etwas überwachsene und in einigen Passagen tief ausgetretene Pfad oberhalb eines stattlichen, aber offenbar aufgegebenen **Alphauses** anlangt (knapp 6 Std.).

Auf der schottrigen Piste, die unterhalb an diesem Gehöft vorbeizieht, nach links, weiter abwärts; wir erreichen nach einer Rechtskurve Graslehnen. Bald nach einer Linkskurve – ein Wegweiser fehlte hier zuletzt; gelber Pfeil gegenüber am Randstein – setzt sich unser Pfad nach etwa 5 Min. rechts fort und steigt (eine Holzbrücke nach rechts auslassend) zu einer **Asphaltstraße** ab, die Etroubles west-östlich mit dem Weiler Allein verbindet. Wir erreichen den Asphalt nahe einer Brücke, überschreiten sie nach rechts, gelangen in leichtem Gegenaufstieg in die *frazione* **Vachery** (mit mittelalterlichem Wehrturm), passieren dort einen großen Hotelbau (seit 1999 geschlossen) und zweigen ca. 200 m danach, die Asphaltstraße verlassend, links ab in die **Rue di Bordonnet,** zunächst auf Erde, dann auf alten *mulattiera*-Kopfsteinen. Der Dorfkern von **Etroubles** hat trotz des nahen Transitverkehrs auf der Bernhard-Straße traditionelle Gediegenheit bewahrt. Schon die römischen Truppen benutzten den günstig gelegenen Platz als Wegstation *(stipulae)*.

Halten Sie ab der Kirche in Flussnähe rechts/ostwärts; Sie erreichen dann die hochgestockte Transitstraße neben einem Café-Restaurant. Zur Linken, jenseits der Brücke, hält der Bus vor der Tankstelle (6.30 Std.).

Der Pfad der Mönche

Grenzgänge am Großen St. Bernhard

Auf dem Chemin des Chevaux, dem alten Transportweg der Augustiner-Mönche, über zwei Pässe zu den schönen Lacs de Fenêtre und zurück nach Italien – eine großzügige, geschichtsträchtige Runde.

DIE WANDERUNG IN KÜRZE

++ Anspruch

5 Std. Gehzeit

1000 m An-/Abstieg

Charakter: Mittelschwere hochalpine Rundwanderung auf Bergpfaden

Wanderkarten: Kompass 1:50 000, Blatt 85; IGC 1:50 000, Blatt 4

Einkehrmöglichkeiten: Nur am Großen St. Bernhard

Anfahrt: Bus von Aosta um 9.40 Uhr zum Gran San Bernardo; Ankunft: 10.50 Uhr – **Rückfahrt:** 16.15 Uhr. Mit dem **Auto:** Parkraum im Passbereich

Zeitplanung: Dem Buspassagier stehen für die Wanderung 5.25 Std. zur Verfügung; das erlaubt keine längere Rast unterwegs. Erwägen Sie eine Übernachtung am Pass!

Unterkunft: Am Großen St. Bernhard Hotel Italia*** (Tel. 0165/78 09 08); auf der Schweizer Seite das Passhospiz (schlichter; 1-, 2-, 3- und 4-Bett-Zimmer)

Der Bus hält am **Colle Gran San Bernardo** beim Hotel Italia, ca. 75 m vor der italienisch-schweizerischen Grenze. Sie gehen entweder direkt auf der Asphaltstraße – rechts der Pass-See – nach Osten über die Grenze zur ca. 250 m entfernten Gebäudegruppe um das **St.-Bernhard-Hospiz** oder hinter dem »Italia« zur unübersehbaren Bernhard-Statue, dann ca. 15 Höhenmeter hinauf zu einem breiten Fußpfad, der oberhalb der Straße nahezu eben nach rechts zieht. Im Abstieg zur Straße zurück (höchste Stelle des Großen St. Bernhard) und, weiter nordwärts, am Hospiz, an Souvenirläden und einem Café vorbei.

Nach ca. 100 m zieht rechts der historische Saumweg abwärts Richtung Martigny. Gegenüber, links der Straße (Achtung auf den Verkehr!), beginnt auf ca. 2445 m Höhe unser Pfad, bekannt als **Chemin des Chevaux**. Der Pfadansatz ist steil und gestuft. Über Jahrhunderte wurden auf Muli- und Pferderücken die von den ›Passmönchen‹ benötigten Lebensmittel aus dem Ferret-Tal auf dieser Trasse heraufgeschafft.

Mit rot-weiß-roten Rauten markiert, zieht unser ›Pfad der Mönche‹ südwärts durch felsiges Gelände, wendet sich dann stärker westlich und steigt zum ersten Übergang auf, dem **Col des Chevaux** (knapp 1 Std.).

Lagen bisher der Stausee Lac des Toules mit seinem Türkiswasser und die Gletscher am Mont Velan im Blick, so schauen wir nun südwestlich hinunter in die **Combe de Drône** und auf die Lé-Seen der Talgegenseite. Ein Serpentinenpfad führt, anfangs steil, abwärts in die Combe; nach wenigen Minuten eine Pfadgabel. Der links zum Hang der Punte de Drône ziehende, teilweise abgerutschte Pfad ist für uns irrelevant; wir halten mit den Markierungen nach rechts und steigen über Schotter in den Talgrund ab, wo eine weitere Wegteilung wartet. Nach rechts geht es abwärts in Richtung des Toules-Stausees; wir halten links, folgen einem Bach, überschreiten ihn etwas höher am Hang, queren rechts/aufwärts in den Weidebereich der **Lé-Seen** (die aber nicht direkt berührt werden) und wandern weiter, nicht sonderlich steil, die letzten 30–40 Höhenmeter über Schutt, zum zweiten Pass, dem **Col du Bastillon** (*nicht* Col des Chevaux, wie die Kompass-Karte ihn nennt; 2.45 Std.).

Der Pass, der den Felskamm durchstößt, war für die Mönche zweifellos das härteste Hindernis auf ihren Versorgungsgängen. Denn dem leichten Aufstieg folgt ein Abstieg am Steilhang und bald darauf – an die Markierungen halten! – eine Schotterpassage. Die Wegrichtung wechselt nach Norden. Ziel sind die schon seit dem Pass sichtbaren **Lacs de Fenêtre**, ein bei schweizerischen wie italienischen Familien beliebtes Picknickziel in buckligem Weidegelände. Noch vor den Seen zog der Reitweg der Mönche (Wegweiser auf ca. 2470 m Höhe; Kreuz auf einer Kuppe) ostwärts ins Ferret-Tal. Wir dagegen passieren den **unteren See** auf der rechten Seite an seinem Abfluss (Aufmauerung) und begeben uns danach in den Wiederaufstieg (3.15 Std.).

Links und rechts zwei weitere ›Fensterseen‹ zurücklassend, gelangen wir über mehrere Geländestufen auf teilweise ausgetretenem und erodiertem Pfad mit übergroßen Wegmarken hinauf zum ›Fenster‹ selbst, dem **Col Fenêtre** (Fenêtre de Ferret; Wegweiser), wo wir erneut die Grenze Schweiz–Italien überschreiten (knapp 4 Std.).

Aus der schottrigen Scharte, von der übrigens nach rechts ein Pfad über den Grenzkamm zum Mont Fourchon führt, geht es, nun mit gelben Markierungen (Pfad 13A), nach Südosten. Der Blick in den oberen Teil des Bernhard-Tals weitet sich. Nach ca. 100 Höhenmetern Abstieg links ein unbezeichneter Abzweigpfad, für uns irrelevant.

Auf ca. 2510 m, kurz nachdem der Talbach überschritten wird, zweigt rechts der Pfad zum Gipfel des Pain de Sucre (2900 m) ab. Unser Pfad wird jetzt unbequemer. Er zieht nach dem Abzweig links über eine Felsschräge, dann steil abwärts (tief

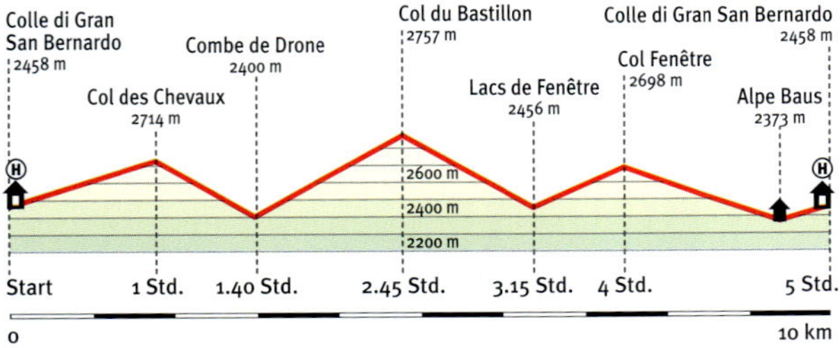

ausgetretene Spuren). Nochmals über den Bach, und die **Alpe Baus** (Baux) an der Straße zum Gran San Bernardo liegt unter uns. Wir erreichen die Straße 100 m links der Alpe (4.30 Std.).

Es folgt der letzte Aufstieg. Queren Sie die viel befahrene Straße schräg nach links zu einer Lücke im Geländer gegenüber. Dort setzt ein **Erdfahrweg** ein. Er passiert nach ca. 100 m eine Steinhütte und erreicht nach weiteren 1–2 Minuten die Trasse des Weitwanderwegs TDC (Tour des Combins). Hier links halten und, einige Rinnsale querend, unterhalb des Asphalts gemächlich aufwärts, bis Sie am Ende eines Straßentunnels linksauf wieder den Asphalt erreichen, ihn zum zweiten Mal queren und auf der anderen Seite, ca. zwei Dutzend Meter entfernt, mit den gelben Markierungen in die Felszone vor dem Großen St. Bernhard einsteigen, wo unser Pfad die alte, teilweise in das Gestein gemeißelte römische Passroute benutzt (s. Abb. S. 10/11). Wir erreichen das Hotel Italia am **Colle Gran San Bernardo** von der Rückseite her (5 Std.).

Tour 15

Der lange Balkon des Ferret-Tals

Von Arnouva über den Monte della Saxe nach Courmayeur

Lang zieht sie sich hin, die schönste Tagestour des Val Ferret. Aber auch Sommertage sind ja lang, und dem, der früh aufbricht und auf den beiden Hütten Rast einlegt, wird diese Panoramawanderung unvergesslich bleiben.

DIE WANDERUNG IN KÜRZE

++ Anspruch

7.30 Std. Gehzeit

1150 m Anstieg

Charakter: Mittelschwere Streckenwanderung auf Bergpfaden

Wanderkarten: IGC 1:25 000, Blatt 107; Kompass 1:50 000, Blatt 85; IGC 1:50 000, Blatt 4

Einkehrmöglichkeiten: Bar-Restaurant in Arnouva, Rifugio Walter Bonatti, Rifugio Giorgio Bertone

Anfahrt: Von Aosta (verbilligte Tagesrückfahrkarte) alle 1–2 Std. **Busverbindung** nach Courmayeur (z.B. um 8, 9.30 Uhr; Fahrzeit reichlich 1 Std.); weiter ins Val Ferret (in der Saison halbstündlich) bis zur Endhaltestelle Arnouva (Ticket vorab im Busbüro kaufen! Fahrzeit: 30 Min.) – **Rückfahrt:** Courmayeur nach Aosta u.a. 17, 18.30, 19.30, 20.45 Uhr (letzter Bus). Mit dem **Auto:** Nahe dem Bushof von Courmayeur Parkmöglichkeit/Parkhaus; Weiterfahrt mit dem Ferret-Bus.

Einige Dutzend Meter südlich der Busendhaltestelle **Arnouva** im Val Ferret weist ein Wegweiser nach Osten in die Seitenschlucht Bella Comba. Diesen Weg (Nr. 26) schlagen wir ein. Zur Linken die Flachbauten des Hotels Chalet Val Ferret. Durch Gebüsch, dann am Wiesenhang mäßig steil aufwärts. Zuletzt linkshaltend auf einen Alpbau zu,

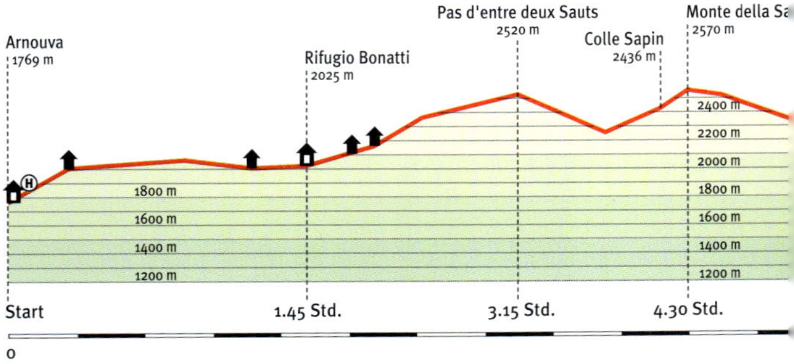

bestehend aus Wohnhaus und Stallung (40 Min.).

Der Pfad in die Bella Comba zieht im weiteren Aufstieg an dieser Alpe vorbei; wir dagegen biegen schon 30 m vorher (!) rechts ab auf **Pfad 27** Richtung Alpe Gioè und Rifugio Bonatti. Sogleich an einem lawinensicher in den Hang gebauten Speicherbau vorbei und mit Prachtaussicht auf das Montblanc-Massiv weiter südwärts am Weidehang über dem Val Ferret. Seltsamerweise wird der herrliche Pfad wenig begangen; die Weitwanderer auf der Tour du Montblanc benutzen in der Regel die Talstraße. Im leichten Auf und Ab queren wir einige Bächlein, passieren eine Gruppe von Lärchen und Heidekrautreviere; dann wieder Weidehänge mit Rinnsalen und der höchste Punkt (ca. 2075 m) des Tourabschnitts. Der Giebelbau der Bonatti-Hütte wird sichtbar. Vorher geht es indessen noch im Abstieg an der **Alpe Gioè** vorbei und durch die Bacheinschnitte des **Vallone di Malatra,** wo der Pfad durch Viehhufe versehrt sein kann. Rechts an der unteren Alpe Malatra vorbei erreichen wir über eine Lehne den **Rifugio Walter Bonatti** (1.45 Std.).

Die private, komfortable Hütte, im August 1998 eröffnet, ist benannt nach dem großen italienischen Bergsteiger der 50er und 60er Jahre, der einige Jahre in Courmayeur lebte und dem am Montblanc-Massiv Großtaten gelangen.

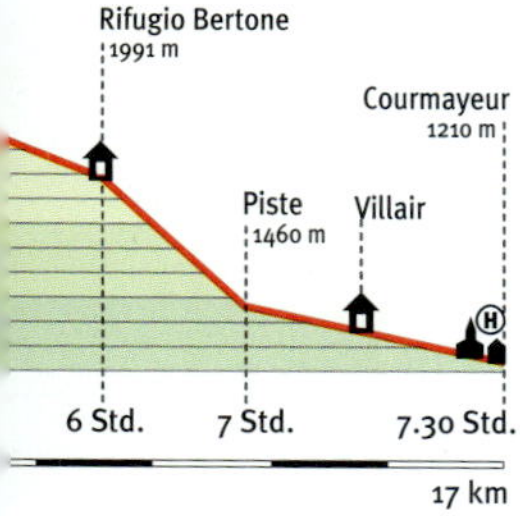

Unser Pfad (Nr. 28, 42, Dreiecke der Alta Via 1) zieht ab der Hütte aufwärts in südöstlicher Richtung und erweist sich oberhalb der unteren Alpe Malatra, die links liegen bleibt, durch Viehgeläuf zerfranst. Nahebei gluckert ein Bächlein, und etwas weiter zur Linken rauscht es aus dem Malatra-Tal. Die Weidelehnen und Wiesenbuckel sind steindurchsetzt. Nahe der **oberen Malatra-Alpe** trennen sich Alta Via 1 und unser Pfad Nr. 42 (Wegweiser). Auf klarer Spur über einen Almboden, zwischen Geländebuckeln (überwachsene Reste von Moränengeschiebe) hindurch und schließlich rechts am Hang gemächlich aufwärts bis zu einer Höhe von ca. 2370 m. Hier wendet sich unser Pfad nach Süden zum Einschnitt des **Pas d'entre deux Sauts.** Links breitet die Testa di Séchéron Schotterfelder aus, rechts heben sich Wiesenhänge zum Gipfel Tête d'entre deux Sauts (lohnend; einfach). Der Pass selbst erweist sich als lang gestreckte Wieseneinsattelung (3.15 Std.).

Zunächst sanft, schließlich steiler abwärts ins **Armina-Tal** (s. Tour 16), den Gegenanstieg zum Colle Sapin schon im Blick. Nach links zieht ein anspruchsvoller Pfad zum Colle Battaglione Aosta hinauf. Die verfallene obere Alpe Séchéron bleibt rechts liegen, während wir den schottrigen, vielfach durchwässerten Talgrund queren (3.45 Std.).

Jenseits über einen steinigen Grashang und zwischen grünen Kuppen hinauf zum **Colle Sapin** (von hier Abstiegsmöglichkeit ins Val Sapin; s. Tour 17). Vom Pass, sehr steil und auf erodiert-ausgetretenem Pfad, empor zum Gras des **Monte della Saxe** (Mont de la Saxe; 4.30 Std.).

Man passiert die Kuppe der Testa della Tronche und schlendert in einem weiten Linksbogen – den Zug des Pfades im Vorblick – zunächst an der Testa Bernarda (Abstecher möglich) vorbei, dann nach Südwesten über die grüne Höhe. Zur Rechten haben die eindrucksvollen Fels- und Eisflanken der Grandes Jorasses, die bis 4208 m aufsteigen, im ›Riesenzahn‹ Dente del Gigante (4013 m) ihren Blickfang. Unser Pfad sinkt ständig leicht ab, und man lässt sich von der Majestät der Granitkette fesseln, mehr als eine Stunde lang; die Aussicht umfasst aber auch das Sapin-Tal zur Linken.

Schließlich beginnt, auf ca. 2200 m Höhe, der recht steile Abstieg zur Alpe Le Pré – schöner Blick in die Taltiefe auf Courmayeur –, wo in den letzten Jahren viel Neues gebaut wurde. Der **Rifugio Giorgio Bertone** ist Teil dieser Häusergruppe und stark frequentiert von den Begehern der Tour du Mont Blanc (6 Std.).

Ein guter, breiter Pfad (Nr. 42) führt von der Hütte in vielen Kehren, auf ca. 1960 m Höhe in Lärchenwald eintretend, ostwärts hinunter ins **Val Sapin**. Unterwegs passieren wir ein kleines Denkmal für den Battaglione Aosta, der sich im Ersten Weltkrieg hervortat. Im Val Sapin nimmt eine stabile Piste unseren Pfad auf; nach rechts in Serpentinen zur **Brücke über den Talbach** hinunter (7 Std.).

Jenseits geht die Piste bald in ein schmales Teerband über. Nach Südwesten durch das **obere und das untere Villair.** Am Straßenabzweig nach La Saxe und Villen vorbei hinunter zur Kirche von **Courmayeur** und auf einem Treppenweg (Vicolo della Chiesa) weiter zur Via Circonvallazione und zum Bushof (7.30 Std.).

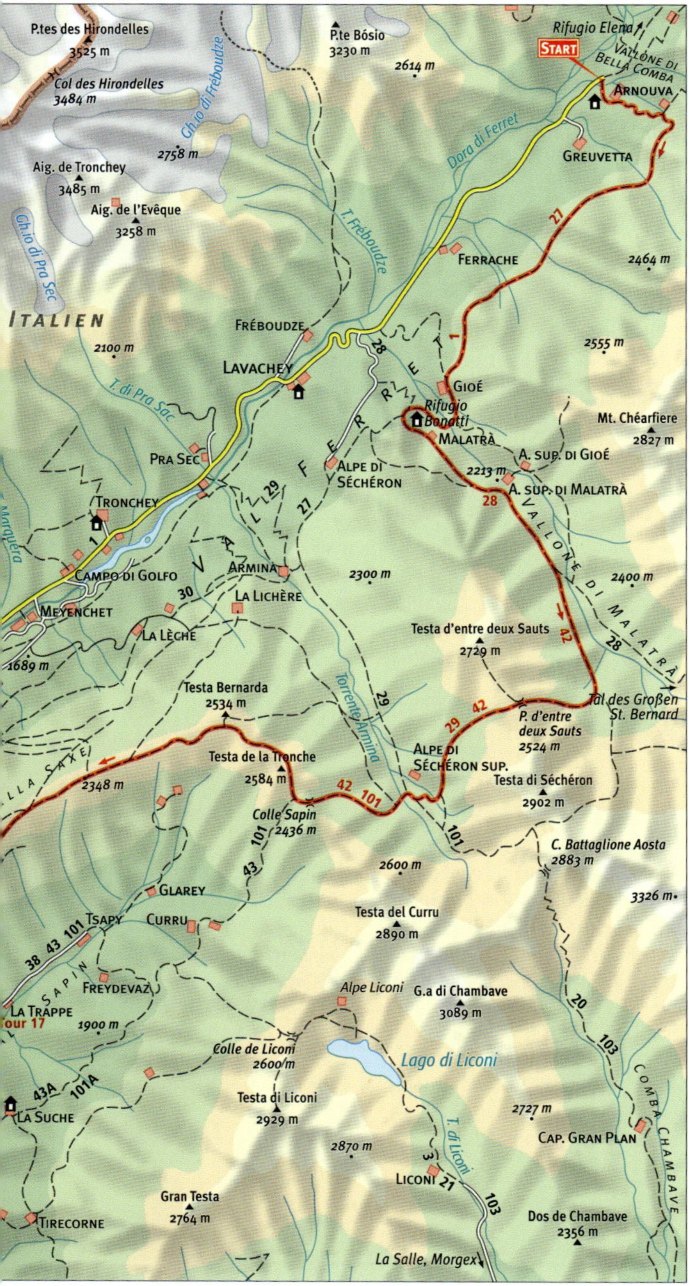
P.tes des Hirondelles
3525 m
Col des Hirondelles
3484 m
P.te Bósio
3230 m
2614 m
Rifugio Elena
START
Vallone di Bella Comba
Arnouva
Gh.io di Fréboudze
2758 m
Dora di Ferret
Greuvetta
Aig. de Tronchey
3485 m
Aig. de l'Evêque
3258 m
Gh.io di Pra Sec
T. Fréboudze
Ferrache
2464 m
Italien
Fréboudze
2100 m
2555 m
Lavachey
T. di Pra Sac
Gioé
Rifugio Bonatti
Malatrà
Mt. Chéarfiere
2827 m
Pra Sec
A. sup. di Gioé
Alpe di Séchéron
2213 m
A. sup. di Malatrà
Tronchey
Val Ferret
Vallone di Malatrà
Armina
2300 m
2400 m
Campo di Golfo
La Lichère
Meyenchet
Testa d'entre deux Sauts
2729 m
La Lèche
1689 m
Testa Bernarda
2534 m
Torrente Armina
Tal des Großen St. Bernard
P. d'entre deux Sauts
2524 m
Testa de la Tronche
2584 m
Alpe di Séchéron sup.
Testa di Séchéron
2902 m
2348 m
Colle Sapin
2436 m
C. Battaglione Aosta
2883 m
2600 m
3326 m
Glarey
Testa del Curru
2890 m
Tsapy
Curru
Freydevaz
Alpe Liconi
G.a di Chambave
3089 m
La Trappe
Tour 17
1900 m
Colle de Liconi
2600 m
Lago di Liconi
Testa di Liconi
2929 m
2727 m
La Suche
Cap. Gran Plan
Comba Chambave
2870 m
T. di Liconi
Liconi
Gran Testa
2764 m
Tirecorne
Dos de Chambave
2356 m
La Salle, Morgex

Der kurze Balkon des Ferret-Tals

Von Lavachey nach Le Pont

Deutlich kürzer als Tour 17 und auch nicht so hoch hinauf ziehend, bietet diese bequeme Wanderung über die grünen Almhänge des Ferret-Tals ab der Alpe Séchéron Prachtblicke auf die wehrhafte Granitfront der Grandes Jorasses.

DIE WANDERUNG IN KÜRZE

+ Anspruch

2.30 Std. Gehzeit

350 m Anstieg

450 m Abstieg

Charakter: Leichte Streckenwanderung auf Alppfaden und -pisten

Wanderkarten: IGC 1:25 000, Blatt 107; Kompass 1:50 000, Blatt 85; IGC 1:50 000, Blatt 4

Einkehrmöglichkeiten: Rifugio Walter Bonatti, Café-Restaurant in Tronchey (ca. 750 m nördlich der Bushaltestelle bei Le Pont)

Anfahrt: Von Aosta (verbilligte Tagesrückfahrkarte) alle 1–2 Std. **Busverbindung** nach Courmayeur (z.B. um 8, 9.30 Uhr; Fahrzeit reichlich 1 Std.); weiter ins Val Ferret (in der Saison halbstündlich) bis zur Haltestelle im Wald über Lavachey (s.u.) – **Rückfahrt:** Bus von Le Pont nach Courmayeur (ca. 20 Min.); Bus von Courmayeur nach Aosta, u.a. um 17, 18.30, 19.30 und 20.45 Uhr (letzter Bus). Mit dem **Auto:** Parkraum und Parkhaus nahe dem Busbahnhof von Courmayeur; Weiterfahrt mit dem Ferret-Bus.

Man fährt mit dem Bus der Ferret-Linie noch über **Lavachey** hinaus. Signalisieren Sie per Knopfdruck Ihren Haltewunsch, sobald die Asphaltstraße in Serpentinen aufsteigt und den Wald erreicht. Der Bus hält am Bergbach **Torrente di Malatra,** wo uns eine ganze Batterie von Wegweisern erwartet. Wir wählen die Waldpiste rechts des Bergbachs (Al-

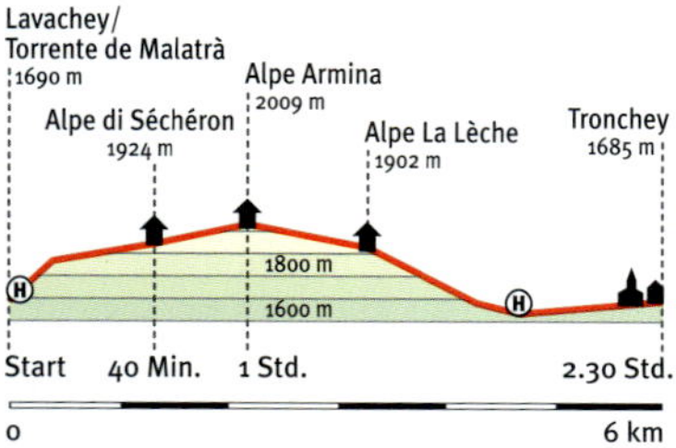

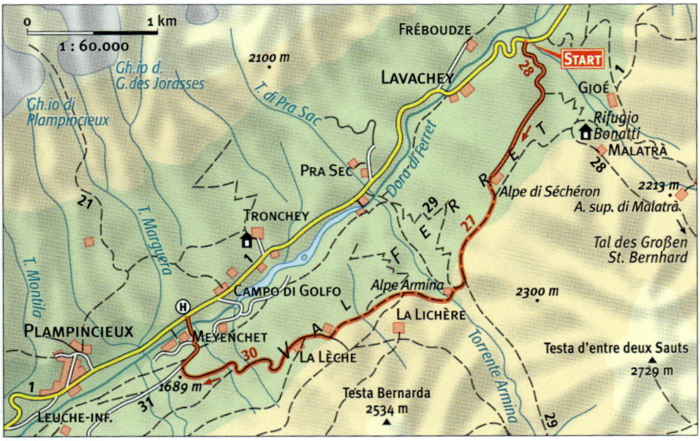

ta-Via-1-Dreiecke, Pfadnummern 27, 28).

Die Piste zieht recht steil aufwärts nach Osten und bietet zunächst wenig Aussicht. Dies wird anders, wenn sie sich auf 1860 m Höhe nach rechts/Süden wendet, den Pfadabzweig links zur Malatra-Hütte (s. Tour 15) zurücklässt und in nur noch leichtem Anstieg durch offeneres Gelände zur **Alpe di Séchéron** hinüberzieht, deren lang gestreckte Front wir unterhalb passieren (40 Min.).

Jenseits der Alpe – sie wird noch bestoßen; es duftet nach Kuh und dem, was die Kuh hinterlässt – endet der Fahrweg; ein breiter Pfad (Nr. 27) führt weiter. Es geht in fortdauerndem Anstieg zunächst durch Lärchenbestand am Hang, dann, stärker linkshaltend, entlang von Weidehängen ins schöne **Armina-Tal** hinein. Auf der anderen Seite des Talbachs ist bereits die Fortsetzung unseres Pfads sichtbar, denn wir gehen das Tal nicht nach Südosten aus, sondern zweigen bei einem hochkant gestellten, markierten Steinblock rechts ab zur **Alpe Armina,** die um die 20 m tiefer am Hang, unserem Blick fast entzogen, eine schmale Terrasse über dem Talbach besetzt (1 Std.).

Nach einigen verfallenen (links) und intakten (rechts) Alpbauten queren wir den **Torrente Armina** auf einem Steg und halten nach rechts im Gegenanstieg auf Nadelwald zu. Vorab passiert unser Pfad allerdings einen durchfeuchteten, verkrauteten Hang und entwickelt dabei Alternativspuren. **Achtung!** Lassen Sie sich nicht steil nach links in den Wald hinaufziehen! Mit den leider spärlichen gelben Wegmarken – nun Pfad Nr. 30 – queren wir auf schwacher, schmaler Spur, etwas über 2000 m hoch, in südwestlicher Richtung durch das dichte Unterholz eines Waldstücks am Steilhang, bis sich nach einigem Auf und Ab neues Almgelände vor uns auftut (1.20 Std.).

Nahe einer **Betonstallung** verbindet sich von links/oben, also vom Monte della Saxe (s. Tour 15), ein Pfad mit dem unseren. **Achtung!** Wir gehen noch ca. 50 m in der bisherigen Richtung weiter, ein Waldtal vor Augen, biegen dann aber vom Hauptweg rechts auf undeutlicher Spur ab, die sich indes nach einer

Weideidyll am Abstiegsweg nach Le Pont

niederen Geländewelle als klarer Pfad ausbildet und im Abstieg bald an Alpruinen vorbeizieht **(Alpe La Lèche).** Die Richtung ist wie zuvor Südwesten, nur gehen wir nun tiefer am Hang, und der Pfad sinkt weiter ab.

Wir gelangen in ein bewaldetes **Bachtal** (1.40 Std.), steigen dort in Serpentinen auf einem schönen Pfad durch dichtes Unterholz ab, erreichen einen breiteren Fahrweg (Wegweiser nach links zum Rifugio Bertone; s. Tour 15) und halten auf ihm nach rechts. Die kleine Alpsiedlung Meyenchet liegt nach der Richtungswende vor Augen, wird aber nicht berührt. Vielmehr steigen wir ab zur **Dora di Ferret** und queren sie auf einer Holzbrücke (schlicht Le Pont oder Il Ponte genannt). Am anderen Ufer, einige Böschungsmeter aufwärts, haben die Busse der Ferret-Linie ihre Station (2.20 Std.; der Bus hält auf Handzeichen).

Wer länger warten muss, geht entlang der Talstraße nach rechts/Nordosten, passiert auf der Zwischenhöhe eine Kapelle, lässt rechts die *roughs and greens* eines Golfplatzes zurück und findet im Weiler **Tronchey** (ca. 1685 m), linksauf, eine Bar. Reichlich 10 Min. sind es bis dort (2.30 Std.).

In der Ferne die Grandes Jorasses

Von Courmayeur zum Liconi-Pass

Sie haben sich für eine einsame und beglückend schöne Wanderung hoch über dem Val Sapin entschieden. Stundenlang sieht man über dem Rücken des Monte della Saxe die wolkenumflorten Wände der Grandes Jorasses aufragen.

DIE WANDERUNG IN KÜRZE

+++ Anspruch

7.30 Std. Gehzeit

1500 m An-/Abstieg

Charakter: Anspruchsvolle Rundwanderung auf Bergpfaden; am Anfang und Ende Asphaltstrecken

Wanderkarten: IGC 1:25 000, Blatt 107; Kompass 1:50 000, Blatt 85; IGC 1:50 000, Blatt 4 (alle verzeichnen die Tour nicht vollständig)

Einkehrmöglichkeiten: Ausflugslokal in Ermitage, Almgasthof in La Suche (nur an Sommerwochenenden)

Anfahrt: Von Aosta (verbilligte Tagesrückfahrkarte) alle 1–2 Std. **Busverbindung** nach Courmayeur (z.B. um 8, 9.30 Uhr; Fahrzeit reichlich 1 Std.) – **Rückfahrt:** Von Ermitage gelegentlich Busverbindung nach Courmayeur (s. S. 86); die letzten Busse nach Aosta fahren um 17, 18.30 und 20.45 Uhr in Courmayeur ab. Mit dem **Auto:** Nahe dem Bushof Parkraum und Parkhaus; ein Parkplatz auch oberhalb von Villair superiore (in diesem Fall verkürzt sich die Wanderung um eine halbe Stunde).

Vom Bushof auf dem Piazzale Monte Bianco in **Courmayeur,** den Mehrzweckkomplex umgehend, aufwärts, rechts am Restaurant Du Parc vorbei, die Via Circonvallazione queren und über die Treppengasse Vicolo della Chiesa hinauf zum **Kirchplatz,** zwischen Kirche und Alpinmuseum zum Ansatz der Strada del Villair und ihr links/aufwärts folgen. Immer geradeaus, an Landhäusern vorbei Richtung La Saxe und Ermitage. Nach Passage des **oberen Villair** läuft das schmale Teerband bei einem Parkplatz aus (40 Min.).

Etwas oberhalb queren wir, nun auf stabilem Erdfahrweg, den Talbach nach links und steigen in Serpentinen durch Mischwald weiter auf, vorbei an den Pfadabzweigen nach La Saxe und zum Rifugio Bertone (s. Tour 15). Die Piste ist Anliegern vorbehalten; man wandert ungestört. Der Anstieg flacht ab, und bald passieren wir die **Alpe La Trappe** mit modernisierten wie verfallenden Bauten (Brunnen, Rastbank; knapp 1 Std.).

Die Piste zieht tiefer ins Val Sapin zum Alpweiler **Tsapy** (Chapy). Zur

Linken steigt mit silbrigen Klippen der Monte della Saxe auf. Bei Tsapy – auch hier Verfall und Erneuerung – verlassen wir den Fahrweg nach rechts und queren den Talbach an einer Staustufe nach Osten (1.15 Std.).

Jenseits geht es zunächst links/aufwärts, bald darauf nach rechts einen Waldhang hinauf. Die Strecke (Pfad Nr. 43) gehört als Nebenroute zur Tour du Mont Blanc , und so sieht man als Signal gelegentlich die Buchstaben TMB in gelbgrundiger Raute. Auf ca. 1750 m führt – für uns irrelevant – rechts ein Abzweig zur Alpstation Freydevaz. Wir passieren die Hütte links oberhalb und treten bald auf Almlehnen hinaus. Die Aussicht weitet sich. In vielen Kehren aufwärts, kurz den Waldsaum berührend, zu einem Wegweiser. Hier könnte man rechts, d.h. südwestlich nach La Suche queren (Pfad 43A). Wir steigen jedoch in der bisherigen Richtung weiter auf und erreichen wenig später eine Geländeschulter mit Resten einer Materialseilbahn (2.20 Std.).

Der TMB-Weg führt von hier nordwärts zum Col Sapin (s. Tour 15); wir halten dagegen (Wegweiser) mit **Pfad Nr. 44** nach rechts, Richtung Liconi-Pass. Der Aufstieg setzt sich steil über einen bewaldeten Kamm fort, die Spur ist schmal. Oberhalb der Baumgrenze öffnet sich der Blick auf den Monte della Saxe. Nach links durch gerölliges Wiesenterrain, dann über Grashänge wieder strammer aufwärts, Runsen querend. Auf ca. 2410 m Höhe zweigt rechts ein weiterer Pfad nach La Suche ab. Wir werden ihn auf dem Rückweg benutzen, steigen vorerst aber weiter in südöstlicher Richtung auf, immer noch über Gras, und erreichen nach zuletzt sehr steilem Aufstieg durch ausgewaschene ›Pfadgräben‹ den Wiesenpass **Colle di Liconi** (Wegweiser; 4.15 Std.).

Der Pass und der Kamm rechts und links bieten prächtige Aussicht: nach Westen auf Monte della Saxe und Grandes Jorasses, nach Osten auf den schönen Liconi-See, den links unter dem Kalkgefels der Guglia di Chambave schottrige Wiesenhänge, rechts Geröllflanken säumen.

Abstecher

Wer am **Liconi-See** eine Rast einlegen will, hält zunächst links/aufwärts über den Kamm bis auf ca. 2700 m und steigt dann halbrechts zur lawinensicher gebauten Stallung der **Alpe di Liconi** (Wasser aus einem Bach) und von dort zum Seeufer ab. Hin und zurück zum Pass: 40 Min.

Achten Sie beim Wiederabstieg vom Colle di Liconi im ersten Steilstück

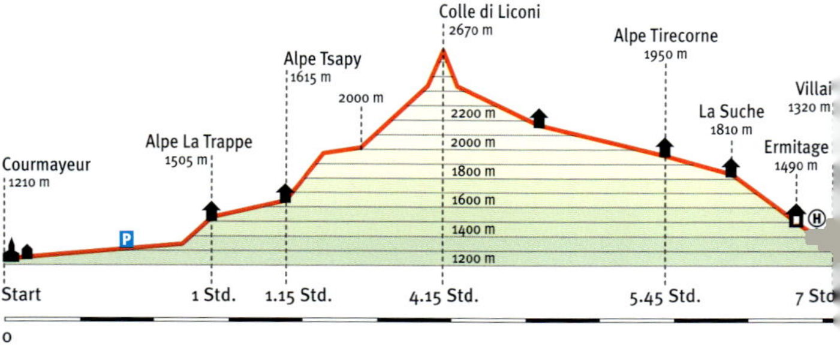

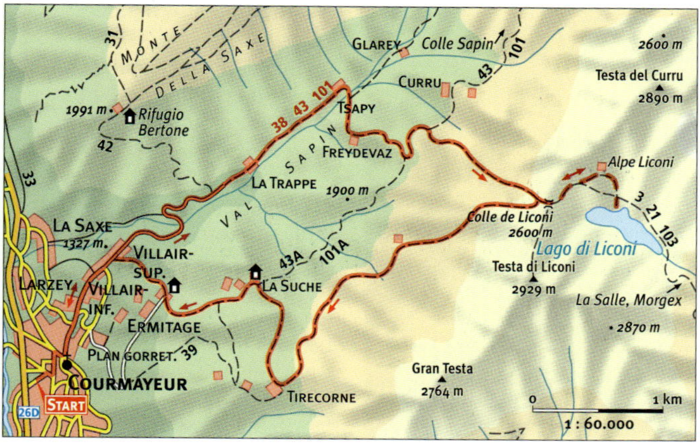

(ca. 70–80 Höhenmeter) auf Trittsicherheit! Dann die schon erwähnte **Pfadgabel** auf ca. 2410 m Höhe (nicht in den Karten). Auf einem Stein wird unser Zwischenziel »Tirecorne« genannt (4.45 Std.).

Wir queren den Schotter-Gras-Hang mit seinen Runsen auf schmalem Pfad nach Südwesten. Es geht in leichtem Abstieg auf einen Grat zu, der von der Testa di Liconi herabstreicht; wir überschreiten ihn auf einer grünen Schulter. Die Aussicht auf Monte della Saxe und Montblanc-Massiv ist außergewöhnlich.

Und sie bleibt es auch in der Folge, während wir in gemächlichem Abstieg über Grashänge queren. Tief unten sieht man Courmayeur und Dolonne liegen, und zur Rechten steigen über dem Grün des Monte della Saxe die Grandes Jorasses auf. Unser Pfad besitzt keine offizielle Nummer, doch zeigt er gelegentlich gelbe Markierungen. In einer Passage sind einige Serpentinen eingeschaltet, und nach Bachquerungen geht es an einem Alpkotter vorbei. Wir verlieren weiterhin an Höhe, nähern uns über Hangkerben dem Wald. Der Hang flacht ab. Bei einem Wegweiser nicht rechts abwärts nach La Suche (obwohl wir den kleinen Alpweiler später noch besuchen), sondern vorerst die Richtung halten, bis nach kleinem Zwischenaufstieg und einem schlechten Pfadstück über eine Geländeschulter hinweg der Almbereich von **Tirecorne** sichtbar wird (Brunnen; 5.45 Std.).

Die Alpe ist verfallen, das Gelände überwachsen, doch liegt Tirecorne besonders aussichtsreich über dem ›Eck‹ von Sapin- und Aosta-Mitteltal. Man geht am besten oberhalb der Bauten zunächst nach Osten zum Wald, auf einem Pfad am Waldsaum kurz abwärts und dann wieder rechts durch die Verkrautung zum Wegweiser inmitten der Baugruppe.

Blick über den grünen Monte della Saxe auf die Grandes Jorasses

Unterhalb von Tirecorne sieht man am Grashang weitere Alpbauten. Nicht dort hinunter jedoch. Vielmehr schlagen wir den Pfad ein, der Tirecorne mit La Suche verbindet und reichlich eine Viertelstunde nordwestlich durch Nadelwald zieht. Man könnte schon vorab links nach Ermitage abbiegen, doch lohnt auch **La Suche** (Brunnen; an Saisonwochenenden Almrestauration) aufgrund seiner schönen Höhenlage den Besuch.

In La Suche wechselt die Wegrichtung; wir halten nunmehr südwestlich. Zunächst am Grashang abwärts, dann in den Wald. Meist sind hier etliche Wanderer unterwegs, die Pfade gut ausgetreten. Leider fehlt es auch nicht an Abkürzern, Alternativspuren etc., die zuweilen verwirren können. Zuletzt rechtshaltend zur Häusergruppe der durch Asphalt erschlossenen **Ermitage** (Hermitage, mit beliebtem Ausflugslokal; 6.45 Std.). Genießen Sie hier noch einmal die Aussicht auf Plan Chécrouit, Mont Chetif und einen Teil des Monte della Saxe.

Abkürzungsmöglichkeit

In den Sommermonaten besteht nachmittags um 14.15, 15.55 und 18.15 Uhr Busverbindung nach Courmayeur.

Wir gehen ca. 15 m auf der Asphaltstraße abwärts nach Südwesten, dann bei einem Holzschuppen rechts ab auf einen Pfad, der schon nach 1 Minute die Zufahrt zu Ferienhäusern auf der Rechten quert und weiter absteigt. Nach weiteren 30 oder 40 m teilt sich unser Pfad in drei Spuren; nehmen Sie die mittlere. Es geht abwärts zu einer echten Pfadgabel, wo man nach rechts auf gutem Pfad durch hohen Nadelwald hält. Nach ca. 100 m die nächste Weggabel (mit Holzschildern; uns gilt das nach Villair, das abwärts weist). Weiter westwärts, nun steiler absteigend, bald durch Laubwald, der lichter wird und Durchblicke erlaubt, auch auf die Dächer des **oberen Villair**. Unser Pfad geht in eine Gasse (Via del'Ermitage) über, die nach ca. 150 m auf die Hauptstraße des Weilers hinausläuft (7 Std.).

Wir kennen diese schmale Straße (Via Val Sapin) von unserem morgendlichen Aufstieg. Nun also links und immer geradeaus abwärts, vorbei an Straßenabzweigen durch das **untere Villair,** bis die Kirche von **Courmayeur** und bald darauf der Bushof wieder erreicht sind (7.30 Std.).

Hoch über dem Veny-Tal

Vom Col de Chécrouit nach Visaille

Auch das Veny-Tal besitzt einen herrlichen Balkonweg. Mit freiem Blick auf das Montblanc-Massiv zieht er über Almhänge. Im Tal selbst ist der Abstecher zum berühmten See unter dem Miage-Gletscher fast obligatorisch.

DIE WANDERUNG IN KÜRZE

++ Anspruch

5.45 Std. Gehzeit

1000 m Anstieg

1300 m Abstieg

Charakter: Mittelschwere Streckenwanderung auf Bergpfaden; im Abschluss Piste und Asphalt (für Autos gesperrt)

Wanderkarten: IGC 1:25 000, Blatt 107; Kompass 1:50 000, Blatt 85; IGC 1:50 000, Blatt 4

Einkehrmöglichkeiten: Courmayeur, Rifugio Maison Vieille, Rifugio Elisabetta Soldini, Lago del Miage, Visaille

Anfahrt: Von Aosta alle 1–2 Std.ein **Bus** nach Courmayeur (z.B. um 8, 9.30 Uhr; Fahrzeit reichlich 1 Std.; verbilligte Tagesrückfahrkarte); erste Auffahrt mit der Kabinenbahn (im Süden von Courmayeur, ca. 10 Min. vom Bushof entfernt) um 9 Uhr, Verkehr im Viertel- oder Halbstundentakt; kombiniertes Ticket bis Maison Vieille kaufen! Gesamtauffahrzeit: 30 Min. – **Rückfahrt:** Bus von Visaille, z.B. um 14.50, 16.10, 17.10, 17.50, 18.50, 21.15 Uhr (letzter Bus); Fahrzeit: knapp 30 Min. bis Courmayeur/Bushof. Mit dem **Auto:** Parkraum bei der Station der Kabinenbahn in Courmayeur, großer Parkplatz und Parkhaus am Busbahnhof (Piazzale Monte Bianco)

Fahrzeiten: Die Kabinenbahn verkehrt in der Regel erst ab Ende der ersten Juli-Woche und nur bis Ende August!

In **Plan Chécrouit** steigt man von der Kabinenbahn nach ca. 200 m Fußweg durch den Weiler in den Sessellift um und schwebt über Almlehnen zum **Col de Chécrouit** empor, wo vor dem **Maison Vieille** – Ausflugslokal und alpine Hütte zugleich – die Bänke an Sommertagen wohlbesetzt sind.

Unser Pfad (Nr. 6) – ein Abschnitt der Tour du Mont Blanc /TMB – führt von der Hütte nach Südwesten, im Wechsel durch Lärchenwald und über Weidehänge. An Skiliftinstallationen vorbei. Auf der Rechten fällt das Gelände steil zur Val Veny ab; der Ausblick auf Montblanc-Massiv und Miage-Gletscher ist prachtvoll – jedenfalls, wenn das Wetter mitspielt. Spielt es mit, wird unsere Panoramaroute allerdings auch eifrig begangen. Über mehrere Gelän-

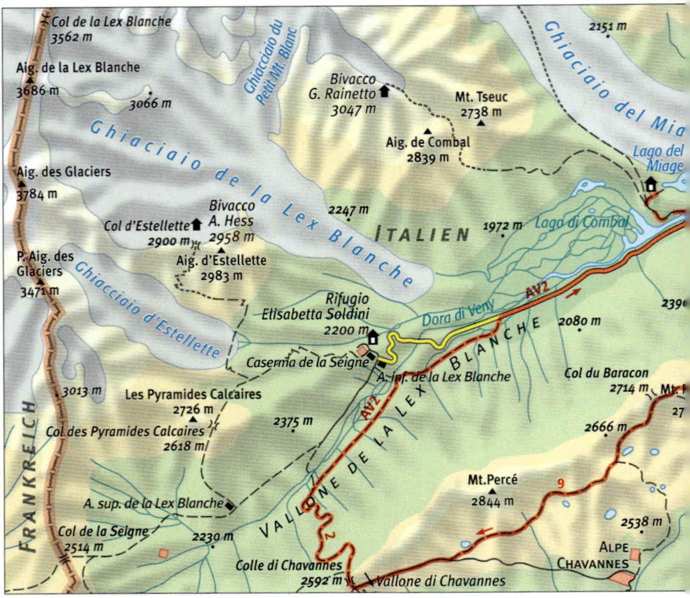

dewellen, mit kurzen Steilstücken, gewinnen wir die Höhe des kleinen **Lago Chécrouit,** wo viele Wanderer das gute Mitgebrachte zum Picknick ausbreiten (knapp 45 Min.).

Weiter geht es in gelindem Aufstieg zum **Lago des Vesses** (1.15 Std.), im Spätsommer kaum mehr als ein Tümpel, und kurz darauf, vorbei am (unbezeichneten) Abzweig zum Colle di Youla, in ein Bachtal aus dem Schotterkessel zur Linken hinunter. Im Wiederaufstieg überwinden wir rechtshaltend einen vom Mont Favre herabstreichenden Kamm, von dem es auf ausgetretenen, erodierten Spuren abermals abwärts geht, ins Grün der Lehnen um die verfallende **obere Alphütte Arp Vieille** (1.50 Std.).

Hier verlassen wir den Hauptweg, der weiter abwärts führt. Für uns beginnt statt dessen der Wiederaufstieg zum Mont Fortin. Der Pfadan-

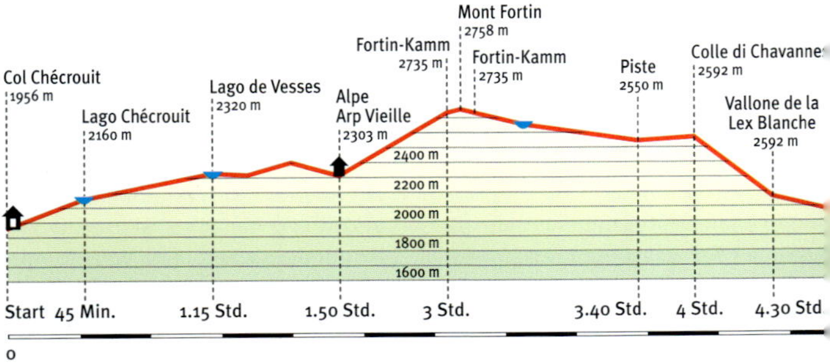

satz ist undeutlich. Durch das Wiese-Schotter-Bach-Terrain ziehen mehrere dünne Spuren nach Süden auf die Bergflanke zu, die den Almkessel von Arp Vieille auf dieser Seite begrenzt. Wo es in den Anstieg geht, bildet sich aus der Spurenvielfalt ein schmaler, aber deutlicher Pfad (Nr. 9) aus, der zunächst über Graslehnen führt und ab ca. 2470 m Höhe in die Geröllzone eintritt, übrigens stets mäßig steil. In einigen durch abgegangenes Blockwerk versehrten Passagen orientieren Steinmänner. Der letzte Aufschwung, in dem unser Pfad sich durch Pflasterung und Breite als alter Militärweg zu erkennen gibt, ist leicht ausgesetzt. Kurz vor dem **Fortin-Kamm** noch eine Weggabel (links halten; 3 Std.).

Der **Mont Fortin** liegt mit Erreichen des Kamms zur Linken. Auf der Gipfelkuppe ducken sich die Ruinen von Militärbauten unter häufig starken Böen, denn die Grenzhöhe zwischen dem Veny- und dem Thuile-Tal markiert eine Wetterscheide.

Nach der ›Pflichtübung‹ des kurzen Abstechers (knapp 10 Min.) setzen wir unsere Wanderung nach Westen durch Almgelände in mäßigem Abstieg fort. Ein kleiner namenloser **See** bleibt zur Linken zurück, zur Rechten strebt die Gratlinie des Mont Percé (2844 m) empor. Noch weitere Tümpel lagern im

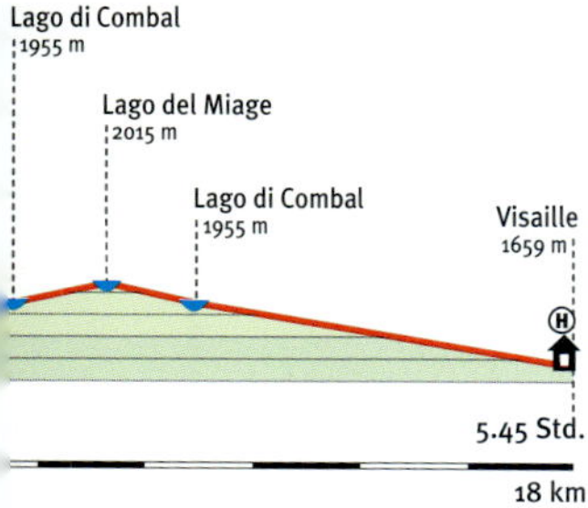

buckligen Weidegelände. Ca. 2550 m hoch, läuft unser Pfad (mehrere Spuren) schließlich auf eine raue Piste hinaus – provisorische Fortsetzung eines stabileren Alpwegs aus dem Thuile-Tal (3.45 Std.).

Nun nach rechts bequem hinauf zum **Colle di Chavannnes,** mit dem der Vallone di Chavannes abschließt. Wir verlassen den Pass mit den Dreiecken der Alta Via 2 nach Norden, zunächst steil und mit hohen Tritten (4 Std.).

Bald flacht unser Pfad etwas ab. Er durchläuft, zunächst rechts haltend, in weitem Schwung eine Schotterzone, entlässt nach links einen Pfad zum Col de la Seigne (Grenzpass nach Frankreich) und zieht, nun über Graslehnen, hinunter in den **Vallone de la Lex Blanche,** mit dem das Veny-Tal nach Westen ausläuft. Der Weidegrund am Talflüsschen ist im Spätsommer mit Vieh besetzt. Auf der anderen Talseite schaukeln die Rucksäcke der Trekker auf der Tour du Mont Blanc (4.30 Std.).

Entgegen den Karten müssen Sie den Talbach nicht (!) überschreiten, es sei denn, Sie suchen Rast oder Quartier in der Soldini-Hütte. Wenn Sie auf der – unbezeichneten – Spur diesseits des Baches bleiben, werden Sie über Geländewellen, zuletzt Geröll umgehend, auf eine Grasschulter geführt, von der ein guter Pfad zum breiten Erdfahrweg am **Lago di Combal** hinunterzieht.

Die Piste ist holprig. Zur Linken breitet sich, bis 8 m tief, der genannte Moränensee mit grünlichem Gletscherwasser aus, ein verlandendes Biotop, dessen Entstehung und Bedeutung auf Schautafeln erläutert wird (5 Std.).

Hier, noch vor der **Brücke** über den Seeabfluss, mündet rechts der Pfad von der unteren Arp-Vieille-Hütte ein (s.o.). Gleich auf der anderen, der nördlichen Brückenseite müssen Sie sich entscheiden, ob Sie noch den **Lago di Miage** (Lac du Miage) besuchen möchten.

Abstecher

Jenseits der Brücke auf den Fahrweg nach links und nach einigen Minuten auf einem von mehreren Pfaden nach rechts steil hinauf zur ›Barrikade‹ aus überwachsenem Moränengeschiebe (oder dem Fahrweg bequem bis zum Ende folgen). Der schlichte würfelförmige Bau der **Bar Combal** bietet Erfrischungen. Die Anziehungskraft des türkisfarbenen *lago* unter dem kalbenden Miage-Gletscher, hoch überragt von der mächtigen Aiguille Noire, ist trotz des Unglücks vom Mai 1996, als ein besonders großer Eisblock in den See stürzte, ungebrochen. Veranschlagen Sie knapp 45 Minuten für den Abstecher.

Bis 1996 fuhr der Veny-Bus von Courmayeur bis zum Combal-See hinauf, heute ist man gezwungen, über die Asphaltstraße (in einem Abschnitt stabilisierte Piste) 300 Höhenmeter bis zur Endstation in **Visaille** abzusteigen. Da die Straße für Autos gesperrt wurde, ist man immerhin vor Auspuffgasen sicher (5.45 Std.). In Visaille wartet man bequem in einem Bar-Restaurant auf den Bus.

Drei blaue Flecken in der Wildnis

Von La Thuile in die Comba Merletan

Es geht in die ganz einsame, reizvolle Landschaft unter dem italienisch-französischen Grenzkamm und nach einer Rast im Almgrün, wo drei kleine Seen den Himmel spiegeln, zurück durch die Bachschlucht Comba Merletan ins Tal von La Thuile.

DIE WANDERUNG IN KÜRZE

++
Anspruch

4.45 Std.
Gehzeit

850 m
An-/Abstieg

Charakter: Mittelschwere Rundwanderung auf Pfaden und Wegspuren; am Anfang und Ende Asphalt. Kaum markiert, erfordert Achtsamkeit und Orientierungsvermögen

Wanderkarten: IGC 1:25 000, Blatt 107; Kompass 1:50 000, Blatt 86 (beide Karten verzeichnen die Wanderung nicht korrekt)

Einkehrmöglichkeiten: La Thuile, Hotel Soggiorno Firenze mit Bar-Restaurant, La Joux

Anfahrt: Von Aosta mit dem **Bus** nach Pré St.-Didier, z.B. um 8 und 9.30 Uhr (Fahrzeit: 50 Min.); am Ortseingang umsteigen in den Bus nach La Thuile (8.55 bzw. 10.35 Uhr; Fahrzeit: 20 Min.). **Rückfahrt:** Busse um 14.15, 16.15, 18.15, 19.15 und 20.15 Uhr (letzter Bus) nach Pré St.-Didier; Anschluss nach Aosta um 15.10, 17.10, 18.40 und 20.55 Uhr; Zuganschluss (Busendhaltestelle am Bahnhof) um 14.39, 15.39, 16.39, 17.15, 17.39, 18.39, 19.39 Uhr. Wer mit dem **Auto** unterwegs ist, fährt am besten bis La Joux und parkt dort; die Wanderung verkürzt sich dadurch um insgesamt eine knappe Stunde.

Von der Bushaltestelle am Ortseingang von **La Thuile** über den lang gestreckten Parkplatz, parallel zum Rutor-Fluss und zur Durchgangsstraße, nach Südosten. Links führt nach etwa 2 Min., für uns irrelevant, ein Steg hinüber ins Ortzentrum (dort öffentliche Toiletten). Unmittelbar darauf unterqueren wir die Straßenbrücke der *Strada Statale* 26, über die der Verkehr hinauf zum Kleinen St. Bernhard rollt, passieren nach einigen Minuten das riesige Residenzhotel Planibel, eine Seilbahnstation sowie ein Picknickareal und queren dann (vor der Zufahrt zum Hotel Chalet Eden) über eine Brücke nach links auf die andere Flussseite. In der bisherigen Richtung an einem weiteren Parkplatz und aufgegebenen Verhüttungsanlagen vorbei, eine Werkbrücke unterquerend, zu einem Straßendreieck. Weiter auf dem Asphalt nach Südosten, Richtung La

Joux, aber gleich über die nächste Brücke wieder nach rechts und zwischen Werkgelände und dem Hotel Soggiorno Firenze auf einen breiten Spazierweg, der in Flussnähe durch Fichtenwald zum Weiler **Promise** führt, wo man rechts einer Straßenbrücke wieder den Asphalt erreicht (30 Min.).

Bislang waren wir ohne Markierungen unterwegs, nun finden sich sporadisch die gelbgrundigen Dreiecke der Alta Via 2. Sie bezeichnen Abkürzungen vom Asphalt am verbuschten, bewaldeten Hang. Wir gehen nicht bis **La Joux** durch (wo der Asphalt endet), sondern nur bis zur letzten Höhe vor diesem Weiler (Ortsschild, Rastbank; 50 Min.).

Hier zweigt auf der Rechten, bei einem Umspannmasten, eine schmale Piste ab, die in leichtem Anstieg mehrere Alphäuser passiert, die so genannten **Maisonnettes.** Bei einer Wegteilung rechts halten (links nur Stichweg zu einem tieferen Alphaus). Nach dem letzten Bau geht der Fahrweg in einen breiten Waldpfad über (Bachsteg; 1 Std.). Nach Markierungen späht man vergebens.

Einige Minuten später bleibt ein Abzweigpfad nach rechts unberücksichtigt. Wir gehen links (am Baum die Zahl 15) und werden durch Nadelwald, den unteren Rand einer Almlehne berührend und einen Bach querend, an die Felsabstürze einer Bachschlucht herangeführt. Nun steiler, teils über Felsgrund, rechts der Schlucht aufwärts. Die erwähnte Almlehne, besetzt mit einer verfallenen Alpstation, rückt wieder näher. Unser Pfad verläuft nun flacher, aber auch schmaler und windet sich halblinks durch Buschwerk hinüber zu einer Engstelle der Bachschlucht. Eine solide Holzbrücke überspannt die reißenden Wasser (1.40 Std.).

Auf der anderen Seite ein Rastplatz mit Holzklötzen als Sitzgelegenheit. Ein Pfad, der die Holzschlagreviere 48 und 49 scheidet, führt uns mit schmaler, etwas überwachsener Spur in gemächlichem Anstieg nach Osten, am Waldhang entlang und schließlich rechtshaltend durch ein weiteres Bachtal in einen von hohen Wänden umschlossenen Talkessel (2 Std.)

Man verlässt den Kessel nach links und erreicht, über einen Hang aufsteigend, bald einen Kamm. Hier halbrechts (Steinmänner) und ostwärts am Fuß von Klippen entlang, über die Wasser rieselt. **Achtung:** Es folgt eine unübersichtliche Passage. Nach ca. 50 m zwängt man sich, die Richtung wechselnd, rechts aufwärts durch Gesträuch, erreicht ein felsiges Bachbett, steigt in ihm 3 oder 4 Höhenmeter auf und verlässt

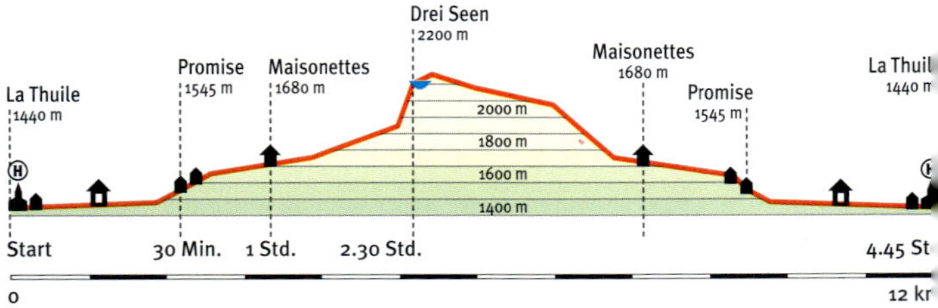

es dann wieder nach links, wobei man abermals Buschwerk beiseite drücken muss.

Nach dieser Schlüsselstelle gibt der Pfad vorerst keine Probleme mehr auf. Er steigt über steinige Hänge mit Alpenrosenbewuchs, vorbei an letzten Lärchen, zum ersten von **drei kleinen Seen.** Bald darauf der zweite See, der in Almlehnen (Schafweide) eingebettet ist. Der Hirt hat hier an einem Felsblock seine Lagerstelle durch eine Windmauer geschützt. Auf einer nahen Kuppe erhebt sich eine einsame Lärche wie ein Weihnachtsbaum. Der dritte See – eher ein Tümpel – liegt wenige Dutzend Meter weiter südwestlich, während man vom Kamm zur Linken Prachtblicke in die urtümliche Felslandschaft der Comba Sozin genießt (2.30 Std.).

Am dritten See vorbei zieht eine Spur in der bisherigen Richtung zu den Höhen der Fredouaz-Kette empor. Wir halten jedoch rechts/westwärts auf einen niederen Graskamm zu, steigen von dort leicht links haltend in die nächste Senke hinunter, queren ein Rinnsal, wandern danach nicht sehr viel tiefer in das Felstälchen hinein, sondern queren am Gegenhang in einem Rechtsbogen durch Gras und Niederwuchs zur nächsten Geländerippe. Der Pfad bildet sich im Gegenaufstieg wieder deutlicher heraus, freilich als schmale Spur, und durchzieht im Auf und Ab, insgesamt steigend, die reizvolle Landschaft, bis links am Hang mit ca. 2250 m der höchste Punkt der Tour erreicht ist (2.50 Std.).

Der Abstieg führt zu einer Terrasse, die mit Geröll und Sturzblöcken übersät ist. Man geht – nur Spuren! – ihre Länge nach Südwesten aus und gelangt dann in einem Bogen durch einen Quellbereich nach

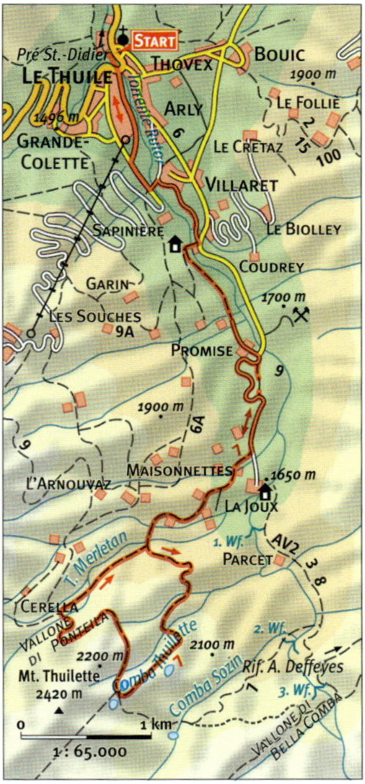

rechts hinunter in Wiesengelände. Rinnsalen und durchfeuchteten Mulden ausweichend, gehen wir talaus, da und dort mit Pfadandeutungen, übrigens in sanftem Abstieg. ›Unsere‹ Felsterrasse liegt jetzt rechts oberhalb, und einige Dutzend Meter zur Linken fließt ein stärkerer Bach.

Nach einer Viertelstunde lassen wir, nun auf deutlichem Pfad, einen Holzsteg links liegen, der über den Bach führt (und dem noch zwei weitere Stege über weitere Bacharme folgen, die so genannten *ponteilles).* Man würde, dort hinüber wechselnd, in das durch Skilifte versehrte Gebiet von Les Souches gelangen.

Wir dagegen halten weiter entlang der wilden Bachschlucht des **Torrente Merletan**, der seine Wasser inzwischen vereinigt hat, und treten

In der Comba Merletan, am Horizont der Grenzkamm

in lichten Lärchenwald ein. Der Pfad wird dünner, Kraut und Gras verschlucken die Spur, das Lärchengezweig ist hinderlich. Der Wildbach zur Linken ist nun unsichtbar, und wir wechseln leicht rechts haltend zu einem Rinnsal hinunter, überschreiten es bei zwei roten Markierungen und erkennen an Bäumen die uns bekannten Holzschlagmarken 48/49. Zur Linken wird das Bachrauschen lauter, dann ist der Anstiegspfad erreicht. Links, nur ca. 10 m entfernt, der Rastplatz mit den Holzklötzen und der Bachsteg (3.30 Std.).

Für die Rückkehr bis zum Asphalt vor **La Joux** sollten Sie eine gute halbe Stunde veranschlagen, bis nach **La Thuile** nochmals 40 Min. (4.45 Std.).

Unter dem Rutor-Gletscher

Von La Thuile zur Deffeyes-Hütte und in die Bella Comba

Der Alppfad entlang der Rutor-Wasserfälle ist der beliebteste Weg im Thuile-Tal. Wir benutzen ihn zum Abstieg; im Anstieg dagegen einen einsamen Panoramapfad. Und natürlich geht es auch zu den Seen der herrlichen Bella Comba.

Charakter: Anspruchsvolle zweitägige alpine Rundwanderung auf Bergpfaden; am Anfang und Ende Asphalt

Wanderkarten: Kompass 1:50 000, Blatt 86; IGC 1:50 000, Blatt 3

Anfahrt: Von Aosta mit dem Bus nach Pré St.-Didier, z.B. um 8 oder 9.30 Uhr (Fahrzeit: 50 Min.); am Ortseingang umsteigen in den Bus nach La Thuile (8.55 bzw. 10.35 Uhr; Fahrzeit: 20 Min.)

Erster Tag

Von La Thuile zum Rifugio Deffeyes

Gehzeit: 5.45 Std.

Anstieg: 1150 m

Abstieg: 100 m

Einkehrmöglichkeiten: La Thuile, Rifugio Albert Deffeyes

Unterkunft: Rifugio Albert Deffeyes (59 Betten; Duschen; Tel. 0165/88 42 39; von Ende Juli bis Ende August, insbesondere an Wochenenden, unbedingt vorbuchen!

Von der Bushaltestelle in **La Thuile** über die Brücke auf die Durchgangsstraße (Via Marcello Collomb) und nach rechts hinauf zur Straßengabel, wo es rechts zum Kleinen St. Bernhard geht. Wir aber halten links/aufwärts, passieren die Touristeninformation und schlagen kurz darauf links die Straße nach Bouic ein. Morgens geht man im Gegenlicht. An der Schule, später an einem Parkplatz vorbei, die Häuser von **Moulin** passierend, dann halbrechts weiter zu einer Straßenkreuzung (rechts geht es nach Pera Carà) und geradeaus zur *frazione* **Bouic** (Buic; 20 Min.).

Beim Kinderspielplatz (Wegweiser) auf einem Erdfahrweg Richtung Colle della Croce. Es geht zum Wald hin. Sogleich eine Gabel; hier links/aufwärts und nach 50 m, wo die Piste rechts wegkurvt, geradeaus weiter, nun auf einem Pfad (Nr. 2) und gleich über einen Bachsteg. Der gut ausgeprägte, jedoch spärlich markierte Pfad zieht über den Waldhang nach rechts aufwärts; ein auf ca. 1635 m Höhe abzweigender und absinkender Pfad ist für uns irrelevant. Auf ca. 1750 m Höhe erreichen wir eine Forstpiste und folgen ihr, nun in gelinderem Anstieg, nach links (1 Std.).

Aber nur für etwa 7 Minuten. Bei einer Lichtung verlässt man die Piste wieder nach links – **Achtung:** Der Abzweig ist leicht zu übersehen. An einer Höhle vorbei; kurz darauf erster Montblanc-Blick. Nahe der verfallenen **Alpe La Crétaz** geht es über Wiesen wieder auf die Piste hinaus, der wir, weitere Bauten passierend, nun bis zu ihrem Ende bei der **Alpe Le Folliè** folgen. Die Aussicht ist unterdessen freier, weiter geworden (1.50 Std.).

Ein Pfad (Nr. 2, 100) führt in der bisherigen Richtung weiter, quert einen Bach und tritt nochmals kurz in Wald ein, ehe er eine Geländeschulter mit Alpbauten erreicht, bekannt als **Plan Praz** (Wegweiser; 2.10 Std.).

Nach einigen Dutzend Metern Anstieg Richtung Osten gabelt sich der Pfad: Links geht es zum Colle della Croce, rechts – dies ist unser Weg – südwärts über die Hänge unter dem Monte Colmet. Unser **Panoramapfad** (Nr. 15) zieht, insgesamt ansteigend, über annähernd 2 Std. nach Süden: lässt den Wald zurück, quert Wiesenhänge und Blockzonen und überwindet eine steile Geländerippe.

Nach einer zweiten Felsrippe, bezeichnet durch einen großen Steinmann, wendet der Steig sich stärker ostwärts in felsigeres, kleinkammriges und wenig übersichtliches (Steinmänner beachten!) Gelände und erreicht, bei kleineren Zwischenabstiegen, eine Höhe von 2475 m, von der aus der Rutor-Gletscher sichtbar wird. Etwas tiefer sieht man inmitten von Blockfeldern einen kleinen, namenlosen **See** am Ausgang der Comba Sorda liegen. Zu ihm hinunter (knapp 5 Std.).

Nach links zieht hier eine Spur in die Comba Sorda, ein enges Hochtal. Wir wandern indes kurz rechts/abwärts und umgehen den kleinen See und seinen Abfluss auf der Südseite. Etwa 150 m tiefer am Hang verläuft übrigens der Hauptweg (Nr. 3) zur Deffeyes-Hütte; wir werden ihn, in diesem Abschnitt, morgen benutzen.

Unsere Pfadspur hält weiter ostwärts und gelangt – den Mont Lussé zur Linken – nach einigen hundert Metern in eine Klippenzone, wo im weiteren Aufstieg eine ausgesetzte Felspassage mit einem Fixseil versichert ist. Danach wird die Wanderung wieder zahmer, und ohne größere Steigungen zieht der Pfad auf den erwähnten Hauptweg zur Berghütte hinaus (5.30 Std.).

Der namenlose **Übergang,** der bald darauf erreicht ist, bereitet keine Probleme. Der Pfad windet sich geschickt durch die Felsen. Der **Rifugio Deffeyes** (1953 für die acht Jahre zuvor bei einem Luftangriff zerstörte Capanna S. Margherita erbaut) wird erst spät halbrechts sichtbar. In Balkonlage blickt die Hütte auf die faszinierende Seenlandschaft unter dem Rutor-Gletscher (5.45 Std.).

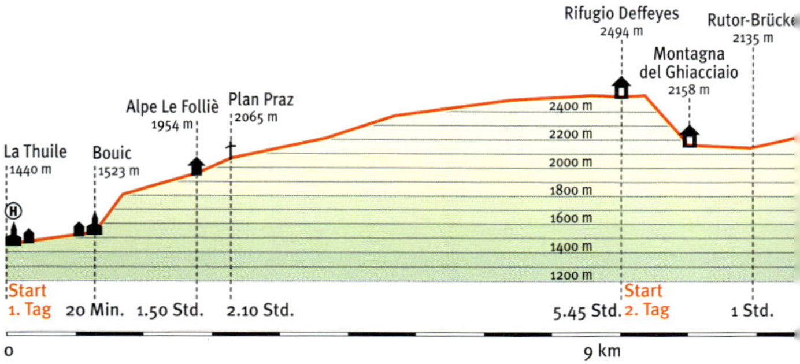

START
Le Thuile
Pré St.-Didier
Thovex
Bouic
Moulin
Plan Praz
C. della Croce
O. du Becuit
Arly
Le Follie
1900 m
Grande-Colette
1496 m
Pera Carà
Villaret
Sapinière
Le Biolley
Coudrey
Garin
Les Souches
1700 m
Promise
1900 m
Maisonnettes
1650 m
L'Arnouvaz
La Joux
Parcet
Cerella
T. Merletan
Vallone di Ponteila
Comba Thuilette
2100 m
2200 m
Mt. Thuilette
2420 m
Comba Sozin
Catena di Fredouaz
2397 m
2451 m
Laghi di Bella Comba
Vallone di Bella Comba
2998 m
2715 m
Lago di Pietra Rossa
2788 m
3020 m
Mt. Colmet
3024 m
2929 m
Comba Sorda
Mt. Lussé
3055 m
Passo di Leseney
2835 m
Combe des Ussellettes
A. del Ghiacciaio
Lago del Ghiacciaio
Rifugio A. Deffeyes
S. Margherita
2662 m
Lago inferiore
Lago Verde
2387 m
Lago superiore
Passo di Planaval
Lago del Rutor
Rutor-Gletscher
2776 m
1 km
1 : 60.000

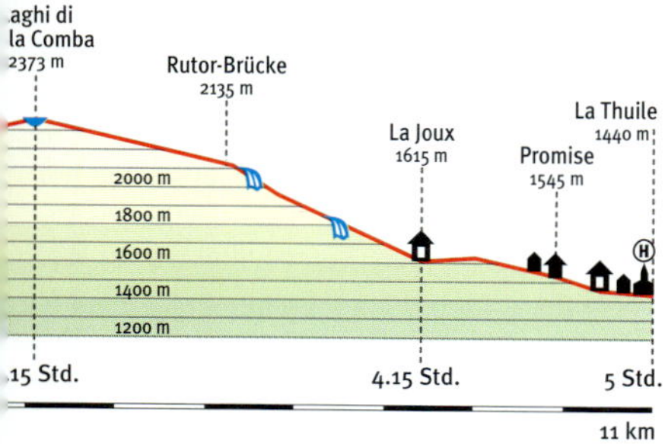
Laghi di Bella Comba
2373 m
Rutor-Brücke
2135 m
La Joux
1615 m
Promise
1545 m
La Thuile
1440 m
2000 m
1800 m
1600 m
1400 m
1200 m
4.15 Std.
5 Std.
11 km

Abstecher

Empfohlen seien, nach Einquartierung in der Hütte, noch Abstecher (Pfad 16) Richtung Planaval-Pass bis an den Rand des **Gletschers** (hin und zurück ca. 2 Std.); oder auch nach Nordosten (Pfad 15) in die schöne **Comba di Ussellettes** mit ihrem mäandrierenden Bach. – Einen ruhigen **Rastplatz** finden Sie wenige Minuten südlich der Hütte bei einer Kapelle, geweiht den Hll. Margherita und Grato. Und versäumen Sie nicht, vom Kamm über der Hütte den Sonnenuntergang mit Montblanc-Blick zu genießen!

Zweiter Tag

Vom Rifugio Deffeyes nach La Thuile

Gehzeit: 5 Std.

Anstieg: 300 m

Abstieg: 1300 m

Einkehrmöglichkeiten: La Joux, La Thuile

Wir gehen vom **Rifugio Deffeyes** zurück über den Pass oberhalb der Hütte und (am Pfadzulauf von gestern vorbei) auf Serpentinen nach Nordwesten. Drunten liegen um einen kleinen See die Weidegründe der ›Gletscheralpe‹ **Montagna del Ghiacciaio.** Nach einer letzten Wendung des Pfades lässt man sie links zurück und erreicht einen Bachsteg (knapp 45 Min.).

Hier verlassen wir den Hauptweg und wandern auf der linken Seite eines felsigen Hügels auf schmaler Spur nahezu eben über die Wiesen, bis wir nach rechts zu einer zweiteiligen **Holzbrücke über den Rutor** absteigen können (1 Std.).

Jenseits kurz nach rechts am Rutor entlang, dann in ein grünes Bachtälchen hinein, bald stärker ansteigend. Nach einer Linkswendung zieht der Pfad (Nr. 8) durch eine Felspassage – von links stößt ein Pfad hinzu – und durch weitere Felsen hinüber in die **Bella Comba**, ein lang gestrecktes, südwestlich streichendes Tal. Wir wandern in leichtem Anstieg am rechten Hang dieses Tales entlang, vorbei an einer verfallenen Alpe (Notunterschlupf), und erreichen bald nach dem **ersten See** das Ufer des **zweiten Sees**, in dem auch Mitte Juli noch Eisschollen treiben – ein herrlicher Rastplatz (2.15 Std.)

Nach dem Rückweg zur **Rutor-Brücke** (ungefähr 45 Min.), nicht Richtung Gletscheralpe zurück, sondern nach der Flussüberschreitung mit Pfad 8 nach links über den Hang queren zur alten *mulattiera* im **Tal des Rutor** (3.15 Std.).

Der gute, viel begangene, in manchen Passagen grob gepflasterte, in anderen über das Grundgestein geführte Pfad zieht am Abzweig zur zweiten Kaskade vorbei, verläuft eine kurze Strecke direkt entlang des Rutor, windet sich durch Sturzblöcke am Abzweig in die Comba Sozin (Holzbrücke; beliebter Picknickplatz) vorbei und erreicht schließlich durch dichten Nadelwald die **Aussichtsplattform der ersten Kaskade,** über der die Wassernebel aufstäuben. Von hier ist es nur noch eine Viertelstunde bis **La Joux:** Eine hölzerne Bogenbrücke bringt uns auf die andere Rutor-Seite, wo wir Weideterrain umgehen und zwischen zwei Ausflugslokalen auf das Ende der Asphaltstraße von La Thuile her stoßen (4.15 Std.).

In der Comba di Usselettes nordöstlich der Deffeyes-Hütte

Die Straße führt uns nach Norden hinauf zu einer Höhe, auf der links der Weg zu den Maisonnettes abzweigt (s. Tour 19). Wir gehen abwärts, die eine oder andere Serpentine auf Pfaden abkürzend. Vor der Straßenbrücke über den Rutor dann links ab auf einen Fahrweg in den Weiler **Promise** und durch Nadelwald zum Hotel Soggiorno Firenze.

Dort nicht über die Brücke nach rechts auf den Asphalt, sondern ca. 5 m links des Brückenansatzes durch die Lücke im Zaun und weiter am linken Rutor-Ufer, aufwärts zum Ansatz einer alten Werkbrücke, hier kurz links, dann auf einem Fahrweg weiter in der bisherigen Richtung und bald rechts ab auf einen Pfad, der vor dem Campingplatz Rutor Asphalt erreicht. Nacheinander am Hotel Chalet Eden, an einem Picknickpark, der Seilbahnstation und dem Großhotel Planibel vorbei, die Straße zum Kleinen St. Bernhard unterquerend, zur Bushaltestelle am unteren Ende des Hauptparkplatzes von **La Thuile** (5 Std.).

Visite am Lac Lolair

Von Planaval nach Leverogne

Eine beschauliche Wanderung auf der Ostseite des Valgrisenche. Auf mittlerer Höhe geht es durch mehrere Alpweiler in das Dörfchen Rochefort mit seiner Wallfahrtskapelle und weiter nach Leverogne.

DIE WANDERUNG IN KÜRZE

+ Anspruch

3.30 Std. Gehzeit

300 m Anstieg

1000 m Abstieg

Charakter: Leichte Streckenwanderung auf Pfaden und Pisten; anfangs ca. 1,5 km Asphalt

Wanderkarten: Kompass 1:50 000, Blatt 86; IGC 1:50 000, Blatt 3

Einkehrmöglichkeiten: Planaval: Hotel Paramont, Leverogne: Hotel Col du Mont und Beau Sejour

Anfahrt: Bus um 7, 11.30 und 18 Uhr von Aosta ins Valgrisenche (Fahrzeit bis Planaval-Abzweig: 50 Min.) –**Rückfahrt:** mit dem Valgrisenche-Bus um 13 und 19.30 Uhr; Leverogne wird auch vom Bus Courmayeur –Aosta passiert (Haltestelle vor dem Hotel Col du Mont), u.a. um 13.05, 13.55, 15.30, 16.30, 17.30 und 19 Uhr. **Autofahrer** parken den Wagen am besten auf dem Platz am westlichen Ortsende von Leverogne (kurz vor dem Tunnel) und nehmen dann den Bus.

Vom Straßenabzweig, an dem der Bus hält, ca. 400 m nach Norden zum Dörfchen **Planaval:** durch Wald aufwärts, am Abzweig nach Miollet (links) ebenso wie an dem nach Chez Les Roset (rechts) vorbei zum ersten Haus, dem Hotel Paramont. Durch das hübsche Dorf (ca. 30 Ew.). Nach der Kapelle am Ortsausgang (Brunnen) nicht links und auch nicht geradeaus auf den einladenden Feldweg, sondern weiter auf der Asphaltstraße am licht bewaldeten Hang hinauf zur Straßengabel vor **La Clusaz** (35 Min.).

Nun nach rechts durch den verfallenden Weiler, dann links/aufwärts,

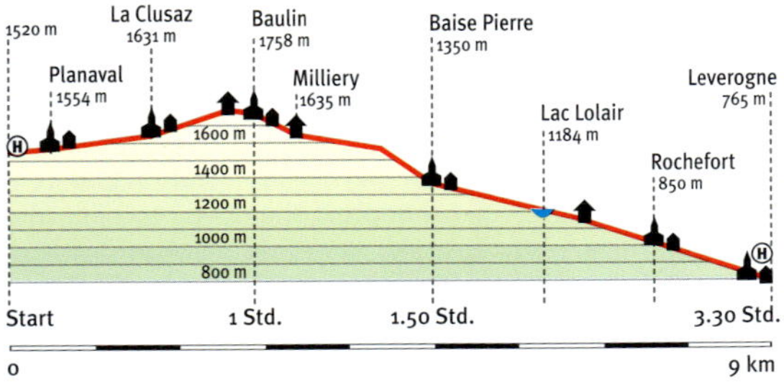

Der kleine Lac Lolair auf seiner grünen Geländeterrasse

zwischen einem letzten, instand gesetzten Haus und einer kleinen Terrasse (Brunnen) auf einen Pfad, der parallel zur Asphaltstraße aufwärts zieht Richtung Nordosten. Man kann ihn (dünner werdende Spur) neben und zuletzt auf dem Kamm zur Rechten noch bis zu einem einzeln stehenden **Holzhaus auf der Höhe** verfolgen, wird aber spätestens dort nach links zurück auf den Asphalt gezwungen. Aber nur für wenige Minuten, dann ist der Alpweiler **Baulin** erreicht (1 Std.).

Am ersten Haus ein Ortsschild mit der Patois-Form des Dorfnamens: *Beileun*. Gleich darauf, vor Haus Nr. 11, rechts abzweigen. Über Treppenstufen (Wegweiser) zum Ansatz eines alten Alpwegs (Pfad Nr. 20, Alta Via 100), der am Hang über dem Valgrisenche nach Nordosten zieht und – mit prächtigen Blicken tief ins Mitteltal – gemächlich absinkt.

Nach 15 Min. eine Weggabel. Links weist ein Holzschild zum Monte Colombo. Das Haus am Abzweig gehört zum Alpweiler **Milliery,** in dessen Ruinen sich Buschwerk und hohe Brennnesseln ausbreiten (1.15 Std.).

Wir setzen unsere Hangquerung abwärts fort. Leider begleiten Stromleitungen unseren Weg. Tief drunten sieht man die Talstraße liegen; im Vorblick halbrechts der Monte Emilius (s. Tour 34). Wir queren einen Steilhang, doch ist unser Pfad als alte Dorfverbindung gut ausgebaut. Nach steiler absteigenden Serpentinen erreicht er auf ca. 1550 m Höhe eine Graspiste. Auf ihr nahezu eben talaus. Nach einem kleinen Zwischenaufstieg verlässt man die Piste wenige Minuten später wieder nach rechts auf einem Pfad (Pfeile). Trockenmauern am Weg bezeugen, dass wir einen Siedlungsbereich erreicht haben. Nochmals Graspiste, dann wieder Pfad – die Wegführung ist etwas kompliziert, doch können Sie kaum fehlgehen, wenn Sie sich an den gelben Marken orientieren. Der Abstieg dauert fort. Schließlich erhascht man Blicke auf Hausdächer. Gleich darauf hinaus auf die schmale obere Asphaltzufahrt von **Baise Pierre.** Die Häuser des Weilers liegen verlassen und es herrscht ›Ruinenromantik‹ vor, doch hat man zuletzt einige Bauten restauriert, und es sprudeln zwei Brunnen (1.50 Std.).

Längs eines großen Speicherbaus zur Linken in der bisherigen Richtung wieder aus Baise Pierre hinaus

– und hinein in ein Naturschutzgebiet. Auf schönem, absinkendem Alpweg in die linke Bergflanke über dem kleinen **Lolair-See,** der mit Riedufern in eine grüne Geländeterrasse eingebettet ist. Der Blick geht wiederum tief in das Mitteltal. Nahe dem See oder Teich verfallende Bauten. Unser Pfad verbindet sich nach weiterem Abstieg bei einem frommen **Schrein** von 1938 mit der Pistenzufahrt zu diesen Bauten (2 Std.; da der See selbst unzugänglich ist, lohnt ein Abstecher nur wegen des Blicks auf die Burg Montmayeur auf der Ostseite des Valgrisenche).

Wir gehen also auf der Piste weiter nordostwärts, lassen nach ca. 100 m einen rechts abzweigenden Weg (Nr. 3) liegen, der zum Weiler La Ravoire hinunterführt, und passieren (Pfad 20, 100) nach leichtem Auf und Ab in Almgelände einen stattlichen Nutzbau. Unter Hochleitungen hinweg. Ca. 70 m danach verlassen wir in einer Rechtskurve – **Achtung!** undeutlicher Pfadansatz neben einer Aufmauerung – den Fahrweg nach links in den Wald (knapp 2.15 Std.).

Die alte *mulattiera* unter unseren Füßen zieht nicht mehr über dem Valgrisenche, sondern über dem Mitteltal einher, und die Grandes Jorasses und das Valdigne rücken in den Blick. Zuletzt steil zu einem **Querweg** hinunter (2.30 Std.).

Nach links würde man nach 3 Min. eine Forstpiste und auf ihr in ca. 20/30 Minuten den Ort Runaz an der Talhauptstraße erreichen (Bar; Bushaltestelle). Wir halten jedoch rechts und benutzen nun eine **alte Dorfverbindung**, die zunächst eben und feldwegbreit, jedoch verkrautet, durch Buschwald nach Osten führt, dann (Wegweiser; rechts halten mit 20C) in Gestalt eines alten Pfads ein Blockfeld durchmisst und in geschickter, aufwändiger Trassierung aussichtsreich (Tiefblicke ins Mitteltal, z.B. auf Avise und Arvier) durch Fels-Wald-Gelände abwärts wendelt. Später wird in einer Biegung auch der Weiler Rochefort mit seiner Kreuzwegkapelle sichtbar. Nach weiterem Abstieg zeigen sich erste Felder und ein moderner Wasserkanal am Weg.

Kurz vor **Rochefort** am Zaun eines Grundstücks noch eine Pfadgabel. Falls Sie sich die Bergkapelle des hübschen Dörfchens ansehen wollen, müssen Sie hier links halten; sonst rechts, also aufwärts (3 Std.).

Abstecher zur Kapelle

Überqueren Sie die Asphaltstraße; unmittelbar auf der anderen Seite

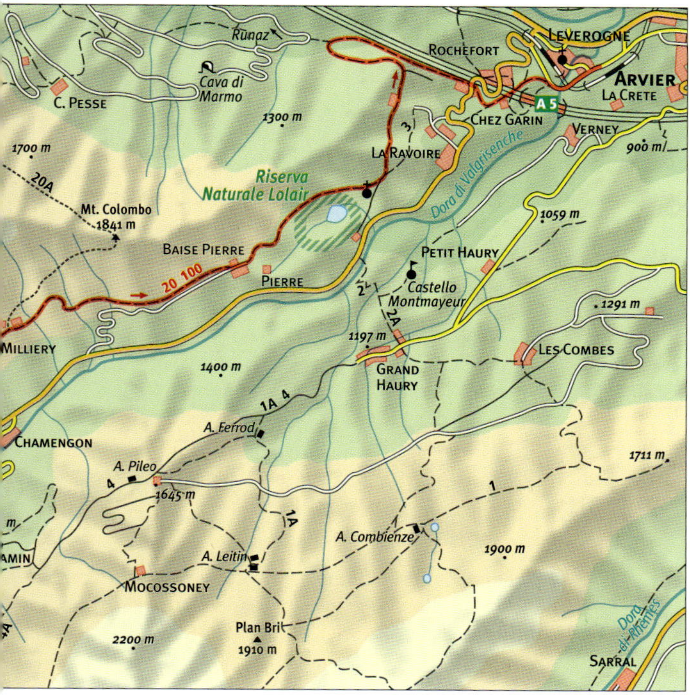

weist ein erstes Schild zur Kreuzwegkapelle (»Santuario«). Auch der weitere Weg durch die Gassen und über die Treppenwege des Dorfes ist ausgeschildert. Die bäuerlichen Kunstwerke der Kreuzwegstationen besitzen viel Ausdruckskraft. Die Kapelle auf der Hügelspitze ist leider nicht zugänglich.

Zurück in den Dorfkern, an der Kreuzung beim alten Waschhaus aber nun nicht rechts zur Durchgangsstraße, sondern geradeaus, das Waschhaus also links liegen lassend. Eine Gasse führt in leichtem Aufstieg aus dem Dorf hinaus zu einer Piste, auf die man scharf links abbiegt (ca. 30 Min.).

Nach rechts erreichen Sie die Asphaltstraße am oberen Ortseingang von **Rochefort,** folgen ihr nach links und biegen gleich in der folgenden Linkskurve rechts ab auf eine Piste, auf die von links ein Weg (s. Abstecher) aus dem Dorf heraufstößt.

Diese Piste (Weg Nr. 2) zieht steil abwärts zu einer Häusergruppe **(Chez Garin)** etwas oberhalb der Autobahn des Aostatals. Hier kurz nach links, auf der geteerten Zufahrt über den Ansatz eines der vielen Straßentunnel hinweg und in Kehren, zuletzt Eisenbahngeleise querend, hinunter zur Durchgangsstraße am Südrand von **Leverogne** (ein Rundgang durch das traditionsbewusste Dorf lohnt!). Nach rechts erreicht man sogleich die Straßenbrücke über die **Dora di Valgrisenche** und wenig später die Bushaltestelle beim **Hotel Col du Mont** (3.30 Std.).

Tour 22

Mit der Angel ins Gebirge?

Von Planaval zum Lago di Fond

Eine der beliebtesten Tagestouren im Valgrisenche. Sie führt durch eine herrliche Fels-Weide-Landschaft, mit Aussicht auf das Gletschereis unter der Talscheide, zu einem von felsigen Flanken umschlossenen fischreichen See.

DIE WANDERUNG IN KÜRZE

+ Anspruch

4.45 Std. Gehzeit

950 m An-/Abstieg

Charakter: Alpine Zielwanderung auf Bergpfaden; am Anfang und Ende jeweils 1,5 km Asphalt

Wanderkarten: Kompass 1:50 000, Blatt 86; IGC 1:50 000, Blatt 3

Einkehrmöglichkeit: Nur die Bar des Hotels Paramont in Planaval

Anfahrt: Bus um 7, 11.30 und 18 Uhr von Aosta ins Valgrisenche (Fahrzeit bis Planaval-Abzweig: 50 Min.) – **Rückfahrt:** mit dem Valgrisenche-Bus um 13 und 19.30 Uhr. Wer mit dem **Pkw** anfährt, findet Parkraum in der Straßenkurve westlich von La Clusaz; die Wanderung verkürzt sich dann um 50 Min.

Vom Straßenabzweig, an dem der Bus hält, ca. 400 m nach Norden zum Dörfchen Planaval: durch Wald aufwärts, am Abzweig nach Miollet (links) ebenso wie an dem nach Chez Les Roset (rechts) vorbei zum ersten Haus, dem Hotel Paramont. Durch das hübsche Dorf **Planaval** (ca. 30 Ew.). Nach der Kapelle am Ortsausgang (Brunnen) nicht links und auch nicht geradeaus auf den einladenden Feldweg, sondern weiter auf der Asphaltstraße am licht bewaldeten Hang hinauf zur Straßengabel vor **La Clusaz** (35 Min.).

Nun aber nicht in den Weiler hinein, sondern auf dem Asphalt links/aufwärts halten. Kurz nach der nächsten Straßenkurve zweigt links (Wegweiser) Pfad Nr. 21 zur ›Glet-

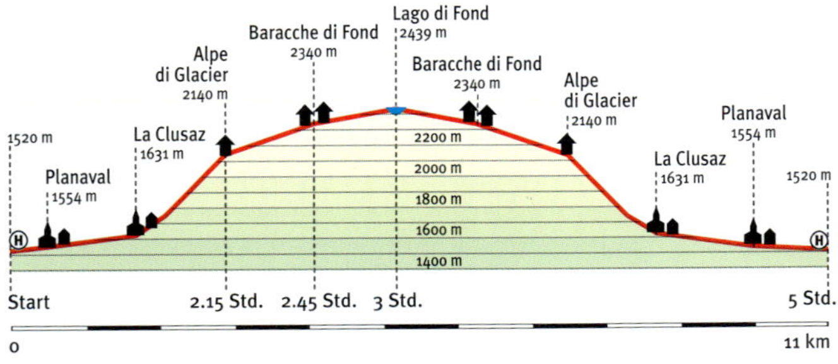

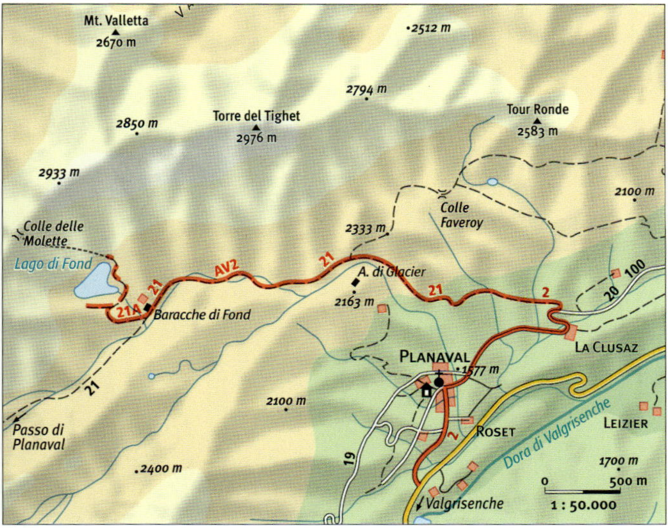

scheralpe‹ und zu den Baracche di Fond ab. Er ist Teil des Höhenwegs Alta Via 2.

Der gut ausgebildete Pfad zieht durch Buschwald und Wald über den Steilhang aufwärts. Probleme dürfte den Älplern die Anlage der Spur entlang der bald folgenden Felsabbrüche bereitet haben. Uns schenken diese Passagen faszinierende Blicke auf das Dorf Planaval und tief ins Valgrisenche bis zur Staumauer des Lago di Beauregard. Etwas höher, in einer Südtraverse des Pfads, rinnt aus den Felsen zur Rechten Quellwasser. Anschließend geht es in Serpentinen steiler durch den Lärchenwald, vorbei an den Resten einer Materialseilbahn und einer verfallenen Steinhütte, in offeneres Terrain, das bereits zum Almbereich der Montagna di Glacier gehört. Über den Hang aufwärts – mehrere Spuren – zu einem **Auffangbecken,** in das Wasser aus dem nahen Bergbach geleitet wird, und weiter, annähernd in östlicher Richtung, über eine Almlehne zu einer Abflachung (2.10 Std.).

Jenseits des Bergbachs zur Linken verbirgt sich hinter Kuppen die **›Gletscheralpe‹,** die nur noch provisorisch als Station benutzt wird. Nach rechts (Wegweiser) zweigt Pfad 20B zum Colle Faveroy ab.

Unser Pfad bleibt die Nr. 21. Nicht sonderlich steil, aber sehr aussichtsreich – zur Linken der Ghiacciaio di Château Blanc, zur Rechten die im Mont Paramont (3300 m) gipfelnde Bergkette – zieht er sich weiter nach Osten durch eine schöne Fels-Weide-Landschaft, die sich über mehrere Geländestufen ausbreitet. Stege helfen über Bäche und Rinnsale in den Almböden. Erst kurz bevor wir sie erreichen, werden die **Baracche di Fond** sichtbar, eine Gruppe aufgegebener Alphütten (2.45 Std.).

Hier verschnaufen die Wanderer auf der Alta Via 2 üblicherweise noch einmal und kramen die Steigeisen aus dem Rucksack, denn vor Ihnen liegt der Aufstieg zum Passo di Pla-

Im Aufstieg zum Lago di Fond öffnet sich der Blick auf das Dörfchen Planaval

naval, der ab ca. 2500 m Höhe über Gletschereis führt. Wir dagegen verlassen etwa 100 m östlich der ›Baracken‹ Pfad 21 nach rechts und steigen – auf nun schlechterer Spur – über felsig-schottrige Hänge hinauf zu unserem Tagesziel, dem **Lago di Fond** (3 Std.).

Der See ist in eine Felsmulde eingebettet, bis zu 4 m tief und fischreich. Entsprechend versuchen stets einige Angler ihr Glück. Es gibt schöne Rastplätze im Süden und vor allem im Osten – aber außer auf unserem Aufstiegsweg kein ›Entkommen‹ aus dem Kessel, den im Norden und Westen hohe Wände einfassen. Auf dünnem, schwierigem Pfad könnte man zum Colle delle Molette (2774 m) aufsteigen, der aber kein Übergang ist (auf der Nordwestseite Felsabbrüche). Die in der IGC-Karte mit festem Strich eingezeichnete Route zu einer namenlosen Höhe auf 2850 m ist weglos und heikel.

Der Abstieg erfolgt auf dem Anstiegsweg. Man benötigt etwa 1.45 Std. bis zur Talhauptstraße unterhalb von **Planaval** (4.45 Std.).

Über dem Valgrisenche

Von Revers nach Valgrisenche/Dorf

Auf der Westseite des Valgrisenche verläuft ein Balkonweg durch Wald und Almgelände zwischen den Alpen Boregne und Verconey. Bald danach geht es hinunter ins Dorf Valgrisenche, den sehenswerten Hauptort des Tales.

DIE WANDERUNG IN KÜRZE

+ Anspruch

5 Std. Gehzeit

900 m Anstieg

750 m Abstieg

Charakter: Leichte alpine Streckenwanderung auf Bergpfaden; mittwegs einige hundert Meter Alppiste

Wanderkarten: IGC 1:25 000, Blatt 102; Kompass 1:50 000, Blatt 86; IGC 1:50 000, Blatt 3

Einkehrmöglichkeiten: Nur am Endpunkt der Tour in Valgrisenche (auch Einkaufsmöglichkeiten), in Gerbelle: Hotel Grande Sassiere

Anfahrt: Bus um 7, 11.30 und 18 Uhr von Aosta ins Valgrisenche (Fahrzeit bis Revers-Abzweig: 50 Min.) – **Rückfahrt:** Bus nach Aosta um 12.30 und 19 Uhr (Fahrzeit: 1 Std.). Empfohlen sei die Anfahrt mit dem Bus um 11.30 Uhr und die Rückfahrt um 19 Uhr. Mit dem **Auto:** Anfahrt nach Valgrisenche, dort Parkraum am Dorfeingang. Mit dem Bus um 12.30 Uhr zum Revers-Abzweig (ca. 10 Min.).

Etwa 700 m nach dem ausgeschilderten Planaval-Abzweig führt links ein nicht weiter bezeichneter Asphaltzubringer zum Weiler **Revers.** Lassen Sie sich hier vom Bus absetzen. Über die Schluchtbrücke – tief unten rauscht die Dora di Valgrisenche – und auf Teer zwischen den wenigen Häusern hindurch, von denen offenbar nur noch eines ganzjährig bewohnt ist. Es gibt einen Brunnen, eine Rastbank und einen Wegweiser, der unsere Pfadnummer, die 4B, ebenso wie unser Nahziel, die Alpe Boregne, nennt. Rechts bleibt die Kirche des Örtchens, ein Bau von 1904, auf einer niederen Felskuppe zurück. Auf der Wiese gegenüber sind im Sommer die Zelte von Jugendgruppen aufgeschlagen. Am Ortsende ca. 2 Minuten auf einem Erdfahrweg nach rechts, dann links ab auf einen Pfad (Holzschild).

In der Folge zieht der Pfad in kommodem Anstieg durch dichten Fichtenwald; zahlreiche Sturzblöcke sind auf den Hängen zur Ruhe gekommen. Ausblick bleibt rar. Ab ca. 1800 m Höhe wird der Wald etwas lichter. Bei einer Weggabel (ca. 1930 m) links halten. Unser Pfad zieht nun links/nordwestlich, flacht ab, quert zwei Rinnsale und erreicht Almgelände. Früh im Jahr kann sich die Spur hier im hohen, ungemähten Gras verlieren. Orientieren Sie sich in diesem Fall halbrechts auf den Waldrand, wo der Pfad einen Bach quert und kurz darauf der letzte Anstieg zur **Alpe Boregne** inmitten von Almterrain zu bewältigen ist (1.30 Std.). Der Blick weitet sich bis auf die Gegenseite des Tals.

Mit Pfeilen und gelben Marken zwischen den Alpbauten – aus den Ställen schieben sich neugierige Rinderköpfe – aufwärts und unmittelbar oberhalb von Boregne nach rechts, also nach Süden, in lichten Lärchenwald hinein. Neue Pfadnummer ist die 4, und wie im Aufstieg von Revers benutzen wir eine Trasse der Alta Via 2. In fortdauerndem, nie steilem Anstieg geht es durch die bukolische Landschaft. Der Pfad ist zuweilen schmal oder bildet Alternativspuren aus, doch gibt es keine Verzweigung. Zur Linken steigen die Hänge felsig zur **Becca Verconey** auf. Eine Steinplattform zur Rechten bietet am höchsten Punkt der Wanderung Tiefblicke ins Valgrisenche (Stausee Beauregard) und Weitblicke in die Berg-Gletscher-Welt der Talwestseite (ca. 2220 m; 2.10 Std.).

Allerdings kann man diese Aussicht etwas später auch vom Pfad genießen, der nun in Serpentinen absteigt, denn der Hangwald ist licht und gewährt Durchblicke. Zwei Bergbäche werden gequert. Nach weiteren Abstiegsserpentinen und einer dritten Bachquerung öffnet sich der Almbereich der **Alpe Verconey d'en haut** (Verconey di sopra). Wir treten auf eine Piste hinaus, halten links und passieren die Alpe nach wenigen Minuten (knapp 3 Std.).

Es geht weiter über die Piste aufwärts, unter den Kabeln eines Skilifts hinweg. Die Aussicht bleibt faszinierend. Nach knapp 200 Höhenmetern Aufstieg verlassen wir die Piste nach rechts, ca. 10 m neben einem **verfallenen Militärbau,** auf einem überwachsenen Karrenweg, der nach ca. 250 m bei einem Wasserauffangbecken unter einer kleinen Kaskade endet (3.30 Std.).

Wir haben inzwischen die geografische Breite des Dorfs Valgrisenche erreicht. Weiter geht es auf einem Pfad durch felsigeres Gelände. Nach leichtem Höhenverlust beginnt auf einer blockübersäten Lehne mit Bächlein und Wasserbauten schließlich der Talabstieg (3.45 Std.).

Während Pfad 4 (und die Alta Via 2) weiter nach Süden ziehen, schlagen wir – **Achtung!** – **Pfad 6** ein. Unser Ziel, Valgrisenche/Dorf, liegt im Blick, rechts übrigens auch ein Teil der bisherigen Wanderstrecke. Die Spur ist schmal, aber klar ausgeprägt. Über bunte Blumenlehnen nähern wir uns dem Lärchenwald. Auf ca. 1950 m Höhe werden wir an das Bächlein herangeführt, das wir von der Pfadgabel oben kennen. Danach hält der Pfad rechts, quert etliche Rinnsale und berührt einen **Wasserbau** im dichten Gesträuch. Gleich darauf nicht links abwärts über den

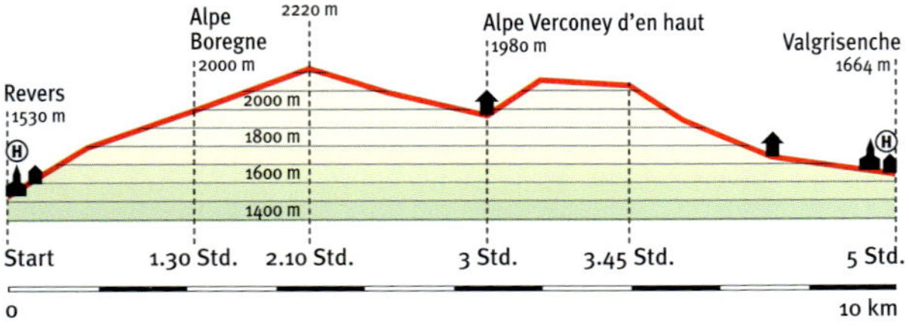

Wiesenhang, sondern Richtung halten!

Nach Passage weiterer Rinnsale treten wir auf ca. 1880 m in den Schatten hoher Fichten. Nach einer Waldwiese mit verfallenem Alpbau führt uns ein steileres Wegstück vor einem noch intakten, genutzten Alpbau, der durch einen begrünten Fahrweg nach links mit Valgrisenche verbunden ist. Diese Piste benutzen wir zum bequemen weiteren Abstieg. Seitlich gischten die zum **Torrente Nada** zusammengeführten Wässer herab, die wir weiter oben am Hang gequert haben. An einem Picknickplatz vorbei erreichen wir die Talbrücke und kurz darauf die Dorfmitte von **Valgrisenche.** Der Bus fährt ca. 200 m entfernt am Ortseingang im Norden ab (knapp 5 Std.).

Werfen Sie, wenn vor der Abfahrt noch Zeit bleibt, einmal einen Blick in die Kirche des San Grato, die ein kleines Museum beherbergt. Etwas oberhalb des Dorfes wird die alte Kaserne zur Zeit zu einem touristischen Zentrum ausgebaut (s. Tour 24).

Militärpfade ins Hochgebirge

Von Valgrisenche/Dorf über die Westflanke des Tals

Die wohl schönste Wanderung im Valgrisenche führt durch die faszinierende Landschaft unter dem Morion-Gletscher. Auf Militärpfaden zu Almen, über einen 2935 m hohen Pass zu Gletscherseen und durch Lärchenwald zurück ins Tal.

DIE WANDERUNG IN KÜRZE

+++ Anspruch

6.45 Std. Gehzeit

1350 m An-/Abstieg

Charakter: Hochalpine Rundwanderung auf Bergpfaden, anspruchsvoll, aber keine ausgesetzten Stellen, keine technischen Schwierigkeiten; Vorsicht bei Schneeauflage (bis Mitte/Ende Juli)

Wanderkarten: IGC 1:25 000, Blatt 102; Kompass 1:50 000, Blatt 86; IGC 1:50 000, Blatt 3 (unvollständig und fehlerhaft)

Einkehrmöglichkeit: In Valgrisenche/Dorf zwei Bars, Einkaufsmöglichkeit

Anfahrt: Bus um 7, 11.30 und 18 Uhr von Aosta bis Valgrisenche (Fahrzeit: 1 Std.) – **Rückfahrt:** Bus nach Aosta um 8, 12.30 und 19 Uhr. Mit dem **Auto:** am Ortseingang von Valgrisenche ein großer Parkplatz.

Zeitplanung: Angesichts der Länge der Wanderung muss, wer aus Aosta kommt, um 7 Uhr anfahren; zurück mit dem Bus um 19 Uhr

Von der Busendhaltestelle am Ortseingang von **Valgrisenche** Richtung Dorfmitte, dort die rechte Straße aufwärts zur Kirche des San Grato, aber noch *vor* der Kirche bei der **Marienstatue** rechts ab und an der Kirchhofmauer entlang. Kurz darauf an einem dreistöckigen Haus vorbei. Oberhalb wurde die alte Kaserne, zuletzt genutzt in der Mussolini-Zeit, im

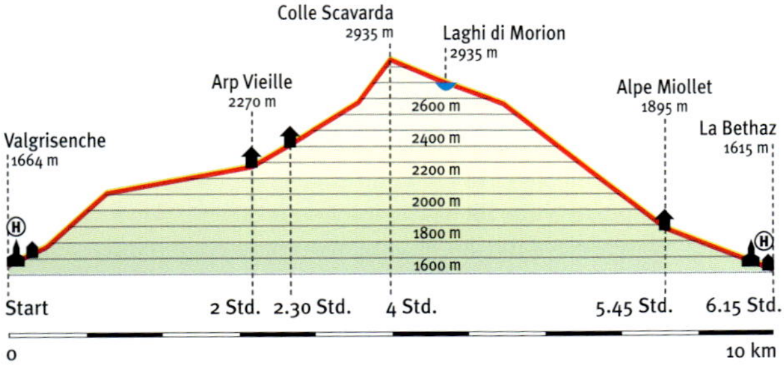

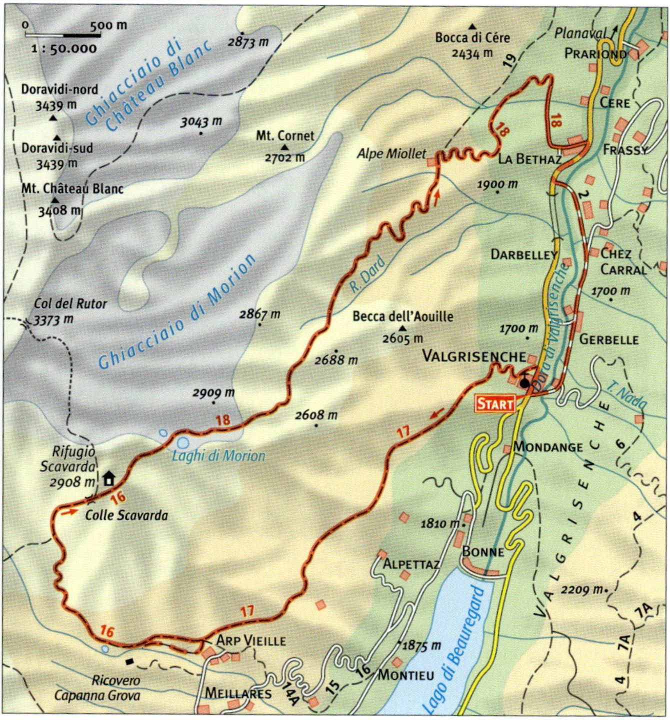

Sommer 2000 renoviert; man plant, sie zu einem touristischen Zentrum auszugestalten. **Achtung:** Bedingt durch die Bauarbeiten war ein Stück unseres Pfades (Nr. 17) zuletzt versehrt. Es geht, allgemein gesprochen, rechts/nördlich oberhalb der Kaserne am Grashang unter Klippen aufwärts. Haben Sie den gelb markierten Pfad wiedergefunden, gibt es keine Orientierungsprobleme mehr.

Auf ca. 1770 m Höhe geht es nach links in die Felsen; dabei weist die aufwändige Unterfütterung unseren Pfad als alten Militärweg aus, der die Kaserne mit den Wachtposten an der italienisch-französischen Grenze verband. Auf ca. 1930 m Höhe (45 Min.) kreuzt ein anspruchsvoller Klettersteig, die Via Ferrata Bethaz-Bovard, unseren Pfad, der weiter in südwestliche Richtung zieht und nach einer Bachquerung abflacht, in einer Passage auch absinkt. Der Ausblick reicht auf die Gipfel der Talscheide zur Val di Rhêmes, und links unten sieht man den Weiler Bonne auf einer Geländeterrasse liegen. Auf gut befestigter Trasse zieht unsere Militär-*mulattiera* bald darauf in Kehren über Blockhänge, deren Steine grün-gelblich mit Flechten betupft sind. Im Übrigen ist das Terrain almerisch, und von einem Sattel sieht man zuletzt auch die Piste, die den – noch verdeckten – Alpweiler Arp Vieille erschließt. Nach Westen öffnet sich der grüne, wasserreiche **Vallone dell'Arp Vieille** (knapp 2 Std.).

Blick vom Scavarda-Pass auf die Morion-Seen; in der Ferne der Alpenhauptkamm

Auf der Höhe vor/über Arp Vieille müssen Sie sich entscheiden, ob sie auf gutem Pfad um die 60 Höhenmeter absteigen bis zu jenem Weiler und dann nach rechts auf einer rauen Piste oder Karrentrasse wieder aufsteigen oder ob Sie das unmarkierte und unbequeme Pfadprovisorium wählen, das über steinige Grashänge vom Sattel rechts aufwärts zieht und sich schließlich nahe dem Bach Torrente Arp Vieille mit jenem Karrenweg verbindet. So oder so gelangen Sie nach ungefähr einer halben Stunde auf eine Art Hochebene, auf der sich links, jenseits des Baches (mit kleinem Wasserfall), der aus einem bescheidenen Stausee weiter oberhalb abfließt, in etwa 100 m Entfernung ein Militärbau, der **Ricovero Capanna Crova** (baufällig) erhebt.

Achten Sie auf gelbe Wegzeichen, die über das flache Weideterrain nach Nordwesten führen. Anders als es die Karten zeigen, wird der *ricovero* nicht berührt, der Bach nicht überschritten. Am Gras-Block-Hang zur Rechten beginnt, wo der Stauteich links zurückbleibt, der Anstieg zum Pass. Unser Pfad – nun Nr. 16 – ist gut ausgeprägt (2.40 Std.).

Nach etlichen Serpentinen zweigt links die Spur des Weitwanderwegs Alta Via 4 ab, deren Zug am Hang wir schon länger haben sehen können. In höheren Lagen kann auf dem Pfad bis Mitte Juli noch etwas Schnee liegen. Der Übergang gibt keine Probleme auf; auf den Karten ist er namenlos, doch hat sich die Bezeichnung **Scavarda-Pass** eingebürgert (knapp 4 Std.).

Zur Linken liegt der Morion-Gletscher, und in der Tiefe sieht man die Morion-Seen. Nur etwa 30 Höhenmeter Abstieg sind es bis zur **Ruine des Rifugio Clea Scavarda** – einer

Hütte, die in den 80er Jahren nach Blitzschlag abbrannte. Intakt sind nur zwei Rastbänke vor und etwas unter dem Bau. Hervorgegangen aus einer Militärstation, war die besonders aussichtsreich über dem Valgrisenche gelegene Hütte lange Jahre Stützpunkt auf der Gletscherroute von der Deffeyes-Hütte (s. Tour 20) über den Colle del Rutor.

Durch plattig-gerölliges Terrain – Schneeauflage bis Ende Juli möglich – weiter abwärts zu den **Laghi di Morion,** zwei flachen Seen in unwirtlichem, vegetationslosem Moränengeschiebe am Ostfuß unter der Testa del Rutor. Auch im Hochsommer können Eisschollen auf dem Wasser treiben.

Die Seen passierend, geht es in abwechslungsreiches, aussichtsreiches (Blick bis zum Alpenhauptkamm) Gelände mit Buckeln, Felsrippen und kleinen Tälern hinein. Man wandert bequem, meist in gelindem Abstieg. Unser Pfad trägt seit dem Pass die Nummer 18. Nach einer kurzen Zwischensteigung (Wegweiser; nun Sicht ins mittlere Valgrisenche) muss man nach links noch weiter aufwärts, bis der Schriftzug »Bethaz« am Felsen den Beginn des Wiederabstiegs bezeichnet. Gut gebahnt durch ein Geröllfeld. Das Terrain ist anspruchsvoll, der Militärpfad führt uns aber zuverlässig weiter, und so steigt man denn ohne Schwierigkeiten ab. Ab ca. 2450 m Höhe wird die Landschaft allmählich almerischer. Bald eine erste Baumgruppe, und ab etwa 2000 m Höhe wandert man unter hohen Lärchen; mittlerweile haben Gras und Kraut den Pfad verschmälert. In einigen Passagen, wo Viehspuren über den Hang ziehen, würde man sich ein etwas deutlicheres Signalement wünschen. Bevor wir die Alpstation, von der aus die Hänge beweidet werden, erreichen, queren wir auf einem Holzsteg noch den **Torrente Miollet** (Torrente Dard), dessen rauschendes Wasser aus dem Morion-Gletscher stammt. Direkt hinter der **Alpe Miollet** eine Pfadgabel (5.45 Std.).

Links zieht ein Pfad (Nr. 19) entlang von Steilhängen zur Alpe Orfeuille. Wir halten rechts und somit abwärts, weiterhin auf Pfad 18. Das Dörfchen Bethaz, unser Ziel, liegt direkt unter uns. Der Pfad zieht jedoch zunächst in Serpentinen am verkrauteten, locker bewaldeten Hang nach Nordosten und passiert dabei Kletterfelsen. An Wochenenden wird hier eifrig trainiert. Man könnte meinen, der Pfad visiere den Weiler Cére an, doch wendet er sich zuletzt wieder talein und geht nach einer Bachbrücke in eine Piste über. Auf ihr nach **La Bethaz** und über Asphalt zur Talhauptstraße (6.15 Std.).

Wer nach Valgrisenche zurück will/muss, um dort auf den Bus zu warten oder zum Wagen zurückzukehren, geht zunächst auf der Talstraße nach rechts, biegt vor dem Straßentunnel aber links ab und folgt der kaum befahrenen Straße auf der Ostseite, die zuletzt in eine Piste übergeht. Schließlich über eine Brücke ins Zentrum von **Valgrisenche** (6.45 Std.).

Tour 25

Weidehänge mit Gämsen

Von Chanavey nach Proussaz

In herrlicher, ungemein aussichtsreicher Führung wandern wir über die steile Westflanke des mittleren Rhêmes-Tals, das durch drei einsame Seitentäler gekerbt wird, zu Alpen und stillen Alpweilern.

DIE WANDERUNG IN KÜRZE

+++ Anspruch

5 Std. Gehzeit

850 m Anstieg

1100 m Abstieg

Charakter: Anspruchsvolle Streckenwanderung auf schmalen, teilweise ausgesetzten Bergpfaden; zum Schluss eine halbe Stunde Asphalt. Aufgrund der ausgesetzten Passagen am Grashang sollten Sie die Tour nicht nach/bei Regen gehen!

Wanderkarten: IGC 1:25 000, Blatt 102; Kompass 1:50 000, Blatt 86; IGC 1:50 000, Blatt 3

Einkehrmöglichkeiten: Chanavey, Proussaz (Landgasthof, 3 Min. von der Bushaltestelle)

Anfahrt: Während der Saison um 8, 12.15 und 19.30 Uhr mit dem **Bus** von Aosta nach Rhêmes-Notre-Dame/Chanavey; Fahrzeit: 1 Std. – **Rückfahrt:** Der letzte Bus nach Aosta passiert Proussaz gegen 17.10 Uhr. Mit dem **Auto:** unpraktikabel

Wir schnüren die Wanderstiefel in **Chanavey,** einer *frazione* der Streusiedlung Rhêmes Notre-Dame im oberen Rhêmes-Tal. Zwischen den Hotels Granta Parey und Grande Rousse zieht eine schmale Asphaltstraße (Wegweiser) zu den Bergen im Westen. Nach ca. 50 m bei einem Schrein links aufwärts, vorbei an einem Skiverleih und beim letzten Haus (Brunnen) rechts durch einen gedeckten Gang. Zunächst zwischen Trockenmauern, führt unser Pfad (Nr. 16, 17) nach 50 oder 60 Anstiegsmetern an einem Wasserbau vorbei. Auf ca. 1775 m Höhe stößt

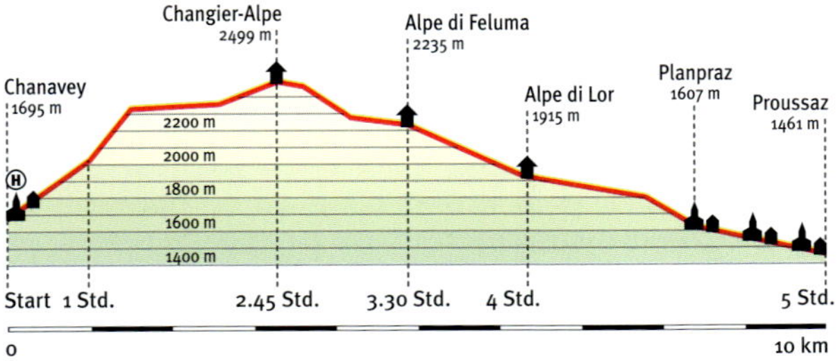

von rechts eine **raue Piste** hinzu, auf die man jedoch nicht überwechselt. Vielmehr links über ca. 50 m im Gras oberhalb der Piste halten, bis unser Pfad links zu einem Hanggehölz ansteigt (20 Min.).

Es geht auf der linken Seite des bachdurchrauschten **Cussuna-Tals** weiter aufwärts; im Vorblick Felshöhen über Weidehängen. Auf ca. 2020 m Höhe queren wir nach rechts den Talbach (knapp 1 Std.) und gehen weiter nordwestlich über schöne, durchfelste Graslehnen. Auf ca. 2240 m Höhe beginnt der Ausstieg aus dem Cussuna-Tal mit einer erneuten Ostwendung des Pfads; etwas höher am Hang eine Weggabel. Links ginge es (Pfad 16, anspruchsvoll) über den Cussuna-Pass ins Valgrisenche; unser Pfad 17 führt nach rechts unter Felsklippen zu einem Wiesenkamm, wo eine kleine Steinbank zur Rast und zum Rückblick auf die bislang bewältigte Wegstrecke einlädt (1.45 Std.).

Die anschließende, fast ebene **Traverse am Steilhang** (talaus Blicke auf den Alpenhauptkamm) ist prachtvoll, kann in ihren exponierten Passagen allerdings Unbehagen bereiten – ein Unbehagen, das die Gämsen, die über die grünen Steilflanken stürmen, offenbar nicht teilen. Nach Felsabbrüchen zur Linken steigen wir, nun zahmer, auf der linken Seite des sich öffnenden **Changier-Tals** westwärts zu einer höher gelegenen Alpe auf (2.30 Std.).

Bei einem Tümpel zur Linken flacht das Weideterrain ab. Ein Pfad nach links hinauf zum großen Changier-See bleibt, kurz vor der Hütte, unberücksichtigt. Die **Changier-Alpe**, kaum mehr als eine Biwakschachtel, klebt an dunklen Klippen, aus denen krächzend Dohlen aufsteigen. Vor

der Tür ein Brunnen und Bänke – ein guter Rastplatz und zugleich der höchste Punkt unserer Wanderung (2499 m; 2.45 Std.).

Nördlich der Alpstation, die man unterhalb passiert, folgen abermals ausgesetzte Passagen über steile Graslehnen. Es geht auf spektakuläre Kalkklippen zu, aus deren heller Kammlinie man 2 Minuten nach einer Pfadgabel (hier rechts/abwärts halten) nach links ins **Feluma-Tal** absteigt, einen gerölligen Alpboden unter den Gipfeln von Becca di Prè d'Amont (3234 m) und Punta di Feluma (3189 m) im Westen. Unser Zwischenziel, eine große Alpe im Norden, ist bereits sichtbar; doch sind, über mehrere Geländestufen,

Unser Wanderweg passiert die moderne Feluma-Alpe

bis dort noch um 200 Höhenmeter abzusteigen und etliche Runsen und Rinnsale in der Talschräge zu queren.

Die moderne **Alpe di Feluma** (Brunnen) wird von einer Graskuppe mit Holzkreuz überragt. Am Ostende des Alphauses am Hang dieser ›Kreuzkuppe‹ aufwärts und, sie nach links umgehend, hinüber zu einer Schotterrinne (Murmeltiere). Unser Pfad zieht danach wieder nordwärts; bei den irritierenden ›Weglinien‹ höher am Hang handelt es sich um Wassergräben. Etwa 10 Minuten nach der Feluma-Alpe wird Rhêmes St.-Georges sichtbar. Unser Pfad beginnt abzusinken und erreicht den Saum des Lärchenwalds. Kurz darauf stößt von rechts/unten ein Pfad hinzu. Weiter durch Nadelwald hinunter in das **Courthoud-Seitental,** dabei zuletzt rechts haltend entlang eines Bächleins (Kanal) zur unteren **Alpe di Lor** (Brunnen). Ca. 10 m vor Lor biegen wir links ab auf einen breiten Alpweg; mit ihm in ca. 2 Minuten zu einer Weggabel (reichlich 4 Std.).

Rechts könnte man hier zum Weiler Courthoud (Courtaud; durch eine Straße erschlossen) absteigen; wir halten jedoch links, queren in weiterem Abstieg den **Talbach** und passieren am Gegenhang eine verfallene Alpe, danach andere Ruinen, bis uns die nächste Weggabel eine Entscheidung abverlangt (4.20 Std.).

Wir verlassen hier Pfad 17, der aufs neue ansteigt, und schlagen **Pfad 17C** ein, der über Wiesenhänge, Wald berührend, schmal und ziemlich steil rechts abwärts zieht. Auf ca. 1670 m Höhe (Bachberührung) geht es über einen Feldweg nach rechts in 3 oder 4 Minuten auf eine **Asphaltstraße** hinaus (4.30 Std.).

Links abwärts über die kaum befahrene Straße, bald vorbei an den Häusern von **Planpraz.** Nach Schleifen, die uns durch den hübschen Weiler **Mougnoz** (Brunnen) führen, treffen wir bei der Kirche (Fassadenmalerei) von **Proussaz** ein. Hier zweigt scharfwinklig nach links eine Piste Richtung Frassiney ab. Wir folgen indes dem Sträßlein durch den Weiler. Wer auf den Bus warten muss, tut dies am besten links vor dem Ortsausgang im *agriturismo*-Lokal. Die Haltestelle befindet sich etwas unterhalb an der **Talhauptstraße** (5 Std.).

Talwechsel im Nationalpark

Von Bruil zur Testa di Entrelor

Höchster Punkt dieser genussreichen Wanderung ist die Testa di Entrelor, in der die Felsbarriere zwischen Entrelor- und Sort-Tal aufgipfelt. Wir lernen beide Täler kennen – und tun unsere ersten Schritte in den Nationalpark Gran Paradiso.

DIE WANDERUNG IN KÜRZE

+ Anspruch

4 Std. Gehzeit

850 m An-/Abstieg

Charakter: Leichte Rundwanderung auf Bergpfaden

Wanderkarten: IGC 1:25 000, Blatt 102; Kompass 1:50 000, Blatt 86; IGC: 1:50 000, Blatt 3

Einkehrmöglichkeiten: Bruil: Bars der Hotels Chez Lidia und Galisia; Einkehr auch im nahen Chavaney

Anfahrt: Täglich dreimal (8, 12.15 und 19.30 Uhr) mit dem **Bus** von Aosta nach Rhêmes Notre-Dame/Bruil (Fahrzeit: 1 Std.) – **Rückfahrt:** Der letzte Bus fährt um 17 Uhr an der Kirche von Bruil ab. Am besten fahren Sie mit dem Bus um 8 Uhr an und um 17 Uhr zurück. Mit dem **PKW:** viel Parkraum

Der Bus hält an der Kirche von **Bruil,** dem Hauptort des Streuweilers Rhêmes Notre-Dame. ›Hauptort‹ klingt stolz, nur – wir befinden uns im Rhêmes-Tal, einem der ärmsten der Region Aostatal. Gerade einmal 200 Einwohner hält es hier ganzjährig, wohlgemerkt: nicht in Bruil, sondern im ganzen *vallone,* der aufgrund der Lawinengefahr und der Steilhänge auch nie recht im Wintersport reüssierte; nur der Skilanglauf auf dem Talboden hat Tradition.

Aber nun ist Sommer, und wir gehen mit den Dreiecksmarken der Alta Via 2 in wenigen Minuten durch die Dorfgassen ostwärts zum Talfluss, der **Dora di Rhêmes.** Jenseits der Holzbrücke zur Linken ein Sitz der Nationalparkverwaltung, deren Territorium wir jetzt betreten.

Entsprechend den Wegweisern geht es auf einem Pfad (Nr. 10, Alta Via 2) durch den Nadelwald aufwärts Richtung Colle d'Entrelor. Morgens liegt der Hang im Schatten. Nach wenigen Minuten queren wir eine Forstpiste. Wenig später wird eine **Lichtung** mit einem Alphaus (Maison du Pré du Bois/Casa Pra del Bosco) umgangen. Über uns auf einem Felsabbruch (Château du Couélet/Castel del Cuco) ein Kreuz.

Auf ca. 1850 m Höhe halten wir bei einer Pfadgabel – links geht es (Pfad 9) zum Colle di Sort – rechts, weiter in Richtung Entrelor-Pass und passieren ein Blockfeld. Pfade stoßen von rechts auf den unseren, der weiterhin aufwärts zieht und den Wald verlässt. Wir haben das Almterrain der **Alpe d'Entrelor** erreicht. Rechts eine Kuppe mit Holzkreuz, ein schöner Rastplatz (1 Std.).

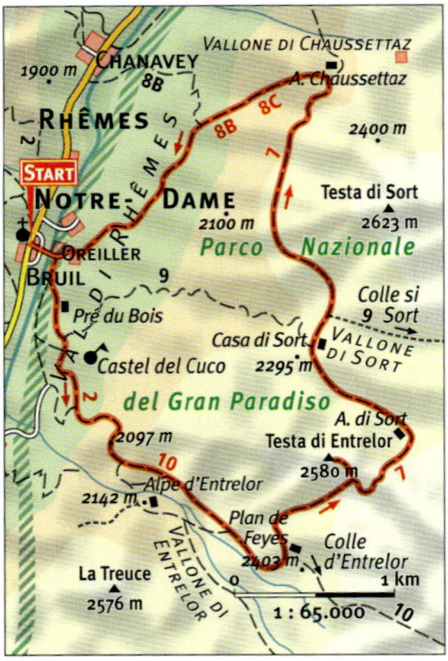

Weiter über Wiesen südöstlich zu einer Pfadverzweigung. Links geht man etwas kürzer. Es können indes Elektrodrähte ausgespannt sein, denn die zur Rechten sichtbare Alpe wird noch bestoßen. So oder so links/nördlich des Talbaches entlang der blockigen Weidelehnen des **Vallone di Entrelor,** auf nun schmalerem Pfad, bequem aufwärts, bis das zur Rechten gluckernde Bächlein liegen bleibt und wir stärker nach links gezogen werden.

Eine Viertelstunde später bezeugen die Bauten der Alpe **Plan de Feyes** (verschiedene Namensvarianten; Brunnen) Tradition im Verfall. Hier verlassen wir den Weg zum Entrelor-Pass und wechseln auf Pfad 7 über, der links haltend die Klippen bei der Alpe umgeht (1.45 Std.).

Danach hat man die Testa di Entrelor vor Augen. Unser Pfad zieht stärker rechts, weiterhin durch Almgelände, mit einem kleinen Zwischenabstieg, vorbei am Ansatz des Gipfelpfads (2 Std.).

Abstecher auf die Testa di Entrelor

Der Gipfelpfad führt von einer kleinen Kuppe nach Westen und erfordert zuletzt, am schärfer werdenden Grat, Trittsicherheit und Handeinsatz. Für den Abstecher zum 2580 m hohen Gipfel hin und zurück zusätzlich ca. 20 Minuten.

Die Testa di Entrelor gebietet über einen Felsriegel, der das Vallone di Entrelor, durch das wir aufgestiegen sind, vom **Vallone di Sort** trennt, in das wir nun über magere Wiesenhänge absteigen. Nach etwa 10 Minuten passieren wir die verlassen liegende **Sort-Alpe.** Zur Rechten ›fließen‹ weitläufige Schotterströme. Der Pfad weicht geschickt aus und verläuft, da und dort schwach markiert, auf eine schon sichtbare Parkwächterhütte zu, die **Casa di Sort** (Brunnen; Rastbänke; 2.30 Std.).

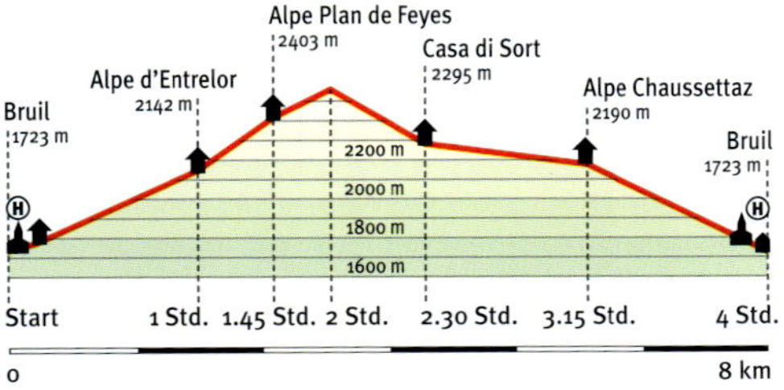

Bei der verfallenen Alpe Plan de Feyes verlassen wir den Pfad zum Entrelor-Pass

Die Hütte ist mit dem Rhêmes-Tal durch einen Pfad (Nr. 9; s.o.) verbunden; wir gehen jedoch nicht dort hinunter, sondern über die Hausterrasse und in leichtem Auf und Ab mit Pfad 7 nach Norden, bald links haltend näher an das Haupttal heran. Nach einer Viertelstunde sieht man Bruil unten liegen. Mittlerweile queren wir lichtes Nadelgehölz, das als Bannwald aber offenbar nicht Schutz genug bietet, denn im Steilhang sind unterhalb an mehreren Stellen Lawinensperren verankert.

Schließlich öffnet sich ein drittes Wiesental, der **Vallone di Chaussettaz**, auch er, höher am Hang, mit einer – provisorischen – Parkwächterhütte ausgestattet. Dagegen liegt die nahe Alphütte in Ruinen. Die Lehnen des wildreichen Tals (Murmeltiere, Gämsen) sind als Rastplatz beliebt; Feldstecher liegen an den Augen (3.15 Std.).

Knapp 100 m vor der Alphütte geht es für uns nach links mit Pfad 8B/8C in den Talabstieg, bald wieder unter hohen Lärchen. Der Pfad ist bequem, weder steil noch steinig. In südwestlicher Richtung führt er mittwegs an einem Skilift und einem Pfadabzweig (8C) nach Chanavey vorbei. Bald nach dem obersten Haus von **Bruil** ist der Ausgangspunkt unserer Wanderung wieder erreicht. Zurück über den Fluss ins Dorfzentrum (4 Std.).

Tour 27

Hütten unter dem Gran Paradiso

Von Pont zur Vittorio-Emanuele- und zur Chabod-Hütte

Das Gran-Paradiso-Massiv selbst ist Bergsteigern vorbehalten. Wir wandern auf einem ›Königsweg‹ zum berühmten Rifugio Vittorio Emanuele II. und queren aussichtsreich unterhalb der Gletscherzone zur Chabod-Hütte.

DIE WANDERUNG IN KÜRZE

++ Anspruch

6.30 Std. Gehzeit

1000 m An-/Abstieg

Charakter: Mittelschwere Streckenwanderung auf Bergpfaden

Wanderkarten: IGC 1:25 000, Blatt 102; Kompass 1:50 000, Blatt 86; IGC 1:50 000, Blatt 3

Einkehrmöglichkeiten: An der Bushaltestelle in Pont eine Hotelbar und ein Restaurant, kleiner Supermarkt, ca. 10 Min. talaus Albergo Genzianella mit Bar-Restaurant; Rifugio Vittorio Emanuele II. Nuovo, Rifugio Chabod

Anfahrt: Mit dem **Bus** 7.45, 12.30, 16.50 Uhr von Aosta nach Pont (1.15 Std. Fahrzeit) – **Rückfahrt:** 9.05, 13.50, 18.10 Uhr. Wenn Sie um 7.45 Uhr anfahren, erreichen Sie bequem den letzten Bus, der Pravieux gegen 18.15 Uhr passiert. Mit dem **Auto:** An der Busendhaltestelle von Pont geräumiger Parkplatz. Von der Brücke bei Pravieux mit dem Bus gegen 17.55 Uhr wieder nach Pont.

Die Tour beginnt auf dem großen Parkplatz von **Pont,** wo der Bus seine Endhaltestelle hat. Man hält östlich, quert auf einer Holzbrücke (Wegweiser) den **Torrente Savara,** der im Grand-Etrèt-Gletscher seinen Ursprung hat, und wendet sich auf der anderen Seite nach rechts. Auf breitem Weg in sanftem Anstieg südwärts, den Bergbach zur Rechten, bis es bald nach einer gestreckten Alpstallung links steiler bergauf geht.

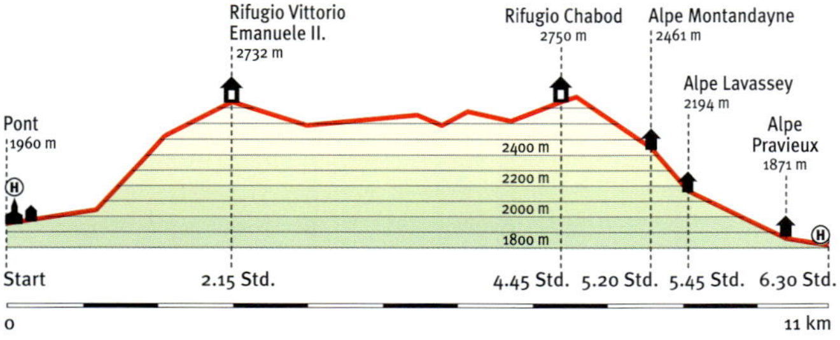

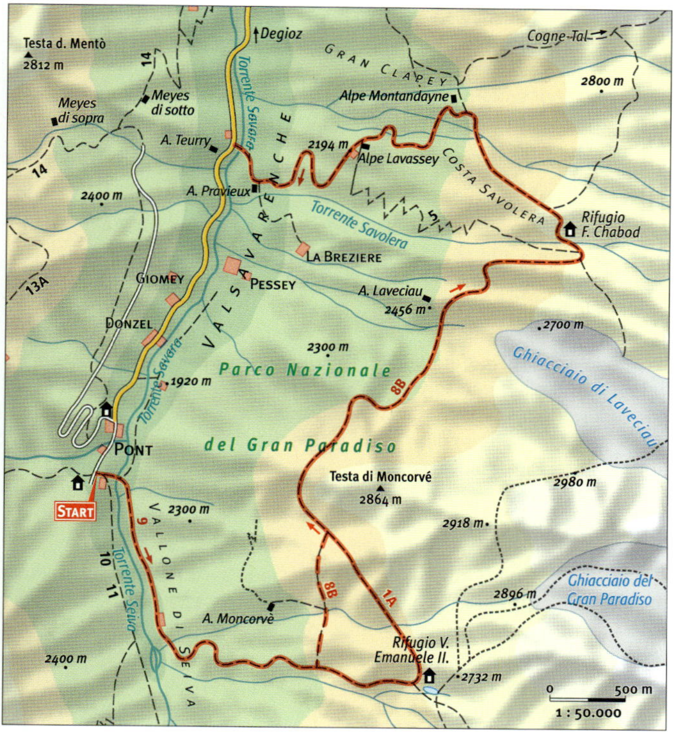

Wir benutzen einen der Reitwege des Jägerkönigs Vittorio Emanuele II. Die viel begangene *mulattiera* zieht zunächst durch Wald, dann in weiten Schwüngen am Gras-Fels-Hang (Murmeltiere) aufwärts. Auf ca. 2520 m zweigt – leicht zu übersehen, nur zwei Steinmänner – ein erster Pfad zum Rifugio Chabod ab; aber natürlich möchte man noch einen Blick auf die eigentümliche Halbtonne des **Rifugio Vittorio Emanuele II.** werfen (2.15 Std.). Sie wird erst spät sichtbar, während sich der Ausblick zuvor bereits auf Ciarforon (3642 m) und Tresenta (3609 m) geweitet hat.

Der 10 m hohe Bau, der einem Flugzeughangar gleicht, stammt aus dem Jahre 1961 und ersetzt eine ältere (jetzt als Ausweichquartier und Winterstützpunkt benutzte) Hütte aus den Jahren 1883/84. Nicht selten sind der alte wie der neue Rifugio überfüllt, denn von hier brechen ganze Scharen von Bergsteigern zum Gran Paradiso (4061 m) auf, dem ›leichtesten Viertausender der Alpen‹. Man kann den Gipfel solo angehen, benötigt aber Steigeisen. Der Aufstieg beginnt am Moränenkamm auf der anderen Seite des kleinen Sees vor den beiden Hütten.

Wir gehen einige Dutzend Meter abwärts auf dem Anstiegsweg und schwenken dann rechts/östlich ab auf den Verbindungspfad (Nr. 1A) zum Rifugio Federico Chabod. Man hat diesen Pfad, ursprünglich ein anspruchsvoller Steig, über die letzten Jahre ständig verbessert, und gerade der erste Teil inklusive neuer Brücke über einen Bergbach ist inzwischen auch gut zu gehen; er führt in leichtem Auf und Ab über felsiggeröllige Hangschrägen östlich der Testa di Montcorvé. Bald nachdem der erwähnte untere Pfad zur Chabod-Hütte von links hinzugestoßen ist und unser Weg, hoch über dem Valsavarenche, nach Norden schwenkt, wandert man indessen deutlich unbequemer (3 Std.).

Aufstiegs- und Abstiegspassagen wechseln nun in etwas ermüdender Folge, Geröllfelder müssen ebenso gequert werden wie Moränenkämme in den Hängen unter dem – sehr abgeschmolzenen – Laveciau-Gletscher, natürlich auch einige Bächlein. Schon bald, nachdem sich der Pfad nach Norden wendet, kann, wer genau hinblickt, den Rifugio Chabod ausmachen, errichtet am Nordende der Moränenhänge auf einer Geländerippe, der Costa Savolera. Zuletzt verbindet sich unser Pfad (Steg über den **Torrente Savolera)** mit dem Hauptweg zur Hütte, dem Pfad Nr. 5. Ein kurzes Stück noch nach rechts, dann über einen guten Pfad den Hang nach links hinauf zur Rippe mit dem dreistöckigen **Rifugio Chabod** (4.45 Std.).

Die Chabod-Hütte, 1982–84 erbaut, sollte eigentlich den Rifugio Vittorio Emanuele II. entlasten, doch ist der Gletscheranstieg von hier durch zahlreiche Spalten inzwischen so anspruchsvoll geworden, dass nur erfahrene Berggänger (als Seilschaften) sich auf diese Nebenroute wagen. Auch Herbetet (3778 m) und Becca di Montandayne (3638 m) sind ernste, fordernde Gipfelziele. So gesellen sich denn – eine seltsame Mixtur – einer Handvoll hartgesottener Bergsteiger viele Jugendgruppen zu, die *fit for fun* aus dem Tal kommen, um nachmittags wieder abzusteigen.

Sie können dies auf dem erwähnten Hauptweg Nr. 5 tun (und dabei 20–30 Min. einsparen). Wenn Sie es stiller, einsamer haben wollen, sollten Sie von der Hütte kurz in einer Schleife nach Norden bis auf ca. 2775 m aufsteigen. Auf der anderen Seite der Savolera-Rippe breitet sich eine schottrige Hangschräge aus. Nun nicht mit Pfad 5 weiter nordwärts! Steinmänner markieren einen dünnen, etwas rutschigen Pfad, der zunächst östlich absinkt, dann stärker nach rechts zur **Alpe Montandayne** hinunterzieht, bestehend aus einer lang gestreckten Stallung und einem Wohnbau. Vorab muss ein Bergbach im Felsbett gequert werden (5.20 Std.).

Halten Sie unterhalb der Stallung wieder links, zum Bergbach hin. Mit der Pfadundeutlichkeit ist es nun vorbei. Ein alter Alpweg zieht entlang des Bachtals und an Felsklippen vorbei abwärts, zuletzt links haltend, in den Wald um die **Alpe Lavassey,** wo von links Hauptpfad Nr. 5 hinzuläuft (5.45 Std.).

Auf gutem, stark frequentiertem Pfad erst in langen Schleifen, dann in engeren Serpentinen über Waldhänge hinunter in den Almbereich der **Alpe Pravieux.** Eine Brücke führt westwärts zu einem Parkplatz und zu einer Bushaltestelle an der Talhauptstraße (6.30 Std.).

Hohe Pässe, blaue Seen

Von Pont auf die Nivolet-Seenplatte

Über den Gran Collet ins Nivolet-Hochtal; durch eine herrliche Seenebene zum Leynir- und zum Rosset-Pass, vielleicht sogar auf den Taou Blanc; zurück nach Pont am Kreuz von Arolley vorbei – eine faszinierende Zwei-Tage-Tour.

Charakter: Mittelschwere bis anspruchsvolle hochalpine Wanderung auf Bergpfaden; der Gipfel erfordert Trittsicherheit/Schwindelfreiheit

Wanderkarten: IGC 1:25 000, Blatt 102; Kompass 1:50 000, Blatt 86; IGC 1:50 000, Blatt 3 (alle drei fehlerhaft)

Anfahrt: Bus um 7.45, 12.30, 16.50 Uhr von Aosta nach Pont, der Endhaltestelle im Valsavarenche (1.15 Std. Fahrzeit) – **Rückfahrt:** 9.05, 13.50, 18.10 Uhr; der letzte Bus ist auch bei Aufstieg zum Monte Taou Blanc noch ohne Zeitnot erreichbar. Mit dem **Auto:** Geräumiger Parkplatz an der Busendhaltestelle in Pont

Erster Tag

Von Pont zur Savoia-Hütte

Gehzeit: 4.30 Std.

Anstieg: 1000 m

Abstieg: 450 m

Einkehrmöglichkeiten: An der Bushaltestelle in Pont (Hotelbar, kleiner Supermarkt), Rifugio-Albergo Savoia, CAI-Hütte Città di Chivasso

Unterkunft: Im Nivolet-Talschluss der private Rifugio-Albergo Savoia (Tel. 0165/91 141; 60 Betten; unbedingt vorbuchen!) und die meist weniger stark belegte Hütte Città di Chivasso (Tel. 0124/95 31 50) mit dem freundlichen, kundigen Hüttenwirt Alessandro Bado

Der Bus hält vor dem Albergo Gran Paradiso in **Pont** am Ende der Straße durch das Valsavarenche. Man geht über den Parkplatz nach Osten zum Fluss hinüber, überschreitet ihn aber nicht, sondern findet nahe dem Ufer einen Pfad, auf dem man den eingezäunten **Campingplatz** zur Rechten umgeht. Weiter südwärts; es mangelt an Markierungen. Der **Torrente Savara** rauscht zur Linken im Schotter. Achtung! Nach etwa 10 Min. verzweigt sich unser Pfad (Steinmann; auf einem Felsen die Markierung 2A), und zwar etwa dort, wo am anderen Ufer ein lang gestreckter Alpbau liegt.

Auf schmalem Pfad über Fels-Weide-Hänge unter der Cima dell'Arolley in reichlich einer Stunde hinauf zur **Alpe di Seiva** (Seyvaz), angekündigt durch ein Holzkreuz auf einer felsigen Kuppe. Auf einer kleinen Sonnenterrasse gelegen und ausgestattet mit Steinbank und Brunnen, eignet sie sich gut als Rastplatz (Blick auf das Gran-Paradiso-Massiv).

Mit weißem Pfeil und dem Schriftzug »Gran Collet« in der bisherigen

Richtung weiter; der Pfad zweigt schon ca. 50 m (!) vor der Hütte ab. Weiter am steilen Hang aufwärts, nun auf steinigerem Grund. Ab ca. 2470 m Höhe zieht der Steig westwärts, begleitet von vielen Steinmännern. Einmal wird ein schöner Bachgrund durchschritten, an zwei Stellen muss man in steilen Passagen kurz die Hände zu Hilfe nehmen. Am **Pass Gran Collet,** einem einfachen Grus-Übergang, hält sich häufig ein Gämsenrudel auf (2.45 Std.).

Der Abstieg ist flacher als der Anstieg. Bald geht es südwestlich über eine Hochebene mit etlichen Bächen und Tümpeln. Achten Sie auf Steinzeichen, denn Markierungen sind weiterhin rar. Schließlich über Serpentinen am Schotterhang hinunter zur **Alpe Gran Collet** (3.30 Std.).

Nahe der verfallenden Alpe erreichen wir den Hauptpfad des **Piano del Nivolet,** eines weiten, von einem mäandrierenden Bach (Dora del Nivolet) durchflossenen Alpbodens. Nach links, also südwärts, geht es über Stege, dann vorbei an der aufgegebenen Alpe del Nivolet eine kleine Geländestufe hinauf. Anschließend wieder gemächlich über Wiesengrund, bis bei Strommasten eine Alppiste zur Rechten erreicht ist. Es handelt sich um die **Strada del**

Nivolet, mit der in der Mussolini-Zeit ab 1938 ein Übergang zwischen dem Piemont und dem Aostatal (Valsava-

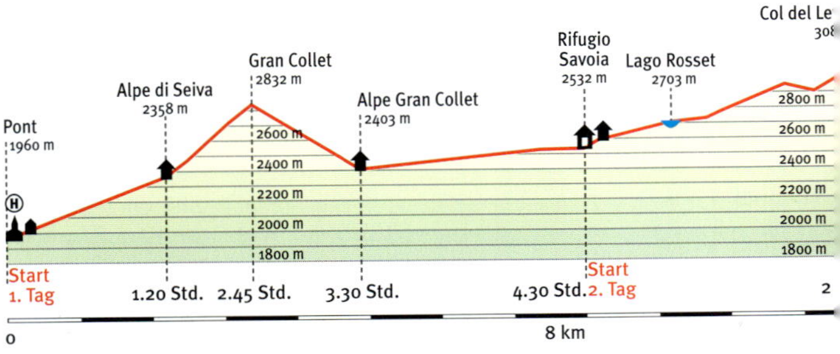

renche) geschaffen werden sollte. Das Projekt wurde nie abgeschlossen, der Asphalt immerhin über den Col del Nivolet bis zur **Savoia-Hütte** gezogen – unserem Tagesziel, das nun sichtbar wird (4.30 Std.).

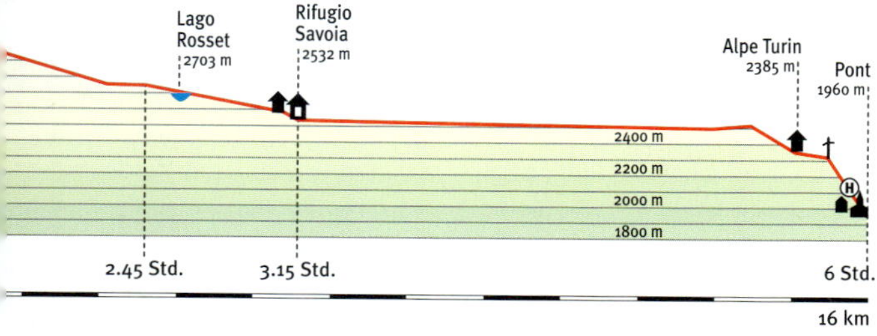

Zweiter Tag

Von der Savoia-Hütte auf die Nivolet-Seenplatte und zurück

Gehzeit: 5.45 Std.

Anstieg: 850 m

Abstieg: 1450 m

Einkehrmöglichkeiten: Rifugio-Albergo Savoia, CAI-Hütte Città di Chivasso, an der Bushaltestelle in Pont Bar-Restaurant und kleiner Supermarkt

Unmittelbar nördlich des **Rifugio Savoia** (Wegweiser) zieht ein Hangpfad im Zickzack ca. 60 m aufwärts zur **Alpe Riva.** Dort eine Weggabel. Auf der linken Spur werden wir zurückkommen; nun jedoch nehmen wir rechts/nordwestlich, die Jauchegrube der Alpe zurücklassend, einen guten, jedoch kaum markierten Pfad. Überhaupt fehlt es in den **Piani del Rosset** an Wegweisern und Signalement, und die Karten geben die Wegesituation nur unvollständig, ja falsch wieder. Dennoch können Sie kaum in die Irre gehen, denn die vor uns liegende prachtvolle Seenebene wird rege besucht. Die Asphaltstraße aus dem Piemont zieht viele Autofahrer herauf, und die ›Prozessionen‹ der Wanderer geben ausreichende Orientierung.

In leichtem Anstieg zieht der weiterhin gute Pfad zum Nordostrand des **Lago Rosset** und umgeht ihn rechts, um danach, vorbei an einem Abzweig zu den Laghi Trebecchi, in Serpentinen einen Hang zu nehmen,

Im Norden der Nivolet-Ebene

auf den wieder flachere Passagen durch eine vielfarbige Stein- und Schotterlandschaft folgen. Wir passieren eine Art **›Vorpass‹,** steigen auf gut gebahntem Weg drei oder vier Dutzend Meter ab zum Rand einer Bachebene im **Vallone Leynir** und beginnen hier über ockerfarbenen und grauen Grus, eine Felshöhe umgehend, den Anstieg zum **Leynir-Pass** (aufgemauerter Steinmann), der – Montblanc-Blick! – ein großartiges Panorama bietet (knapp 2 Std.). Unterhalb zur Linken sieht man die Gletscherreste des Ghiacciaio della Vaudeletta unter der schroffen Punta del Leynir (3235 m).

Gipfelmöglichkeit

Die Schwierigkeit des Aufstieg zum **Mont Taou Blanc** (3435 m) liegt in der Bewältigung des Felsabbruchs zur Rechten des Colle Leynir. Lassen Sie sich nicht zu weit in die brüchigen Schrofen der Nordwestflanke mit ihren Verschneidungen ziehen. Vielmehr auf Pfadspuren hinauf auf den breiten Südwestkamm und mäßig steil zum Gipfelgrat, wo einige Blöcke zu überwinden sind. Auf dem Gipfel selbst ein großer Steinmann. Prachtaussicht auf die Paradiso-Gruppe, aber auch zum Montblanc. Hin und zurück vom Pass: ca. 1.45 Std.

Der Abstieg vom **Leynir-Pass** folgt zunächst dem Aufstiegspfad. Bald nach dem **›Vorpass‹** wird der Rosset-See sichtbar. Noch vor dem Pfad zu den Trebecchi-Seen zweigt rechts eine schmale, unbezeichnete Spur ab. Sie zieht auf der Nordseite des Rosset-Sees nach Westen und verbindet sich dort mit dem Hauptpfad – Teil der Alta Via 4 – zum Col Rosset (2.45 Std.).

Abstecher zum Col Rosset

Nach rechts geht es, vorbei an den Chanavey-Seen, in ca. 40 Min. hinauf zum **Rosset-Pass** (3023 m) mit Blick ins obere Rhêmes-Tal (hin und zurück 1 Std.).

Wir gehen nach links/südlich abwärts zwischen den beiden ›Picknickseeen‹ **Lago Leità** und **Lago Rosset**, beide etwas über 2700 m hoch, in hügeligem Weide-Stein-Gelände nahe dem Abflussbach Rivo Rosset zur **Alpe Riva** und zurück zur **Savoia-Hütte** (3.15 Std.).

Ab dem Rifugio Savoia wandern wir im Abstieg nach Pont länger als

Das Arolley-Kreuz zwischen Nivolet-Ebene und Pont

eine Stunde auf der **Strada del Nivolet,** die bald nach dem Gasthof durch einen Schlagbaum für PKW gesperrt ist und ebenso bequem wie aussichtsreich (Grivola-Blick) am westlichen Hang über dem Talboden mit dem Nivolet-Bach nach Norden zieht, dabei langsam Höhe verlierend.

Zur Rechten, unterhalb, das letzte Aufstiegsstück des gestrigen Tages; nach ca. 45 Minuten passieren wir die geografische Breite der Alpe Gran Collet. Die Landschaft drunten wird felsiger, abwechslungsreicher. Kurz bevor die Piste am Hang ausläuft, schneidet (Wegweiser) Pfad 3A unseren Weg (4.30 Std.).

Hier steigen wir rechts (links geht es zu einer Parkwächterhütte hinauf) über annähernd 100 Höhenmeter auf einem schmalen Hangpfad zur **Alpe Turin** ab, passieren dort rechtshaltend einige Nutzbauten und erreichen unter Stromkabeln hindurch einen Steg über die **Dora del Nivolet** und gleich darauf den Talhauptpfad (4.45 Std.).

Auf ihm nach links durch schönes Fels-Weide-Gelände mit ersten Lärchen weiter abwärts zur **Croce di Arolley.** Das Kreuz ist in einer Steinaufschüttung verankert. Hier geht der Talpfad nach rechts in die Serpentinen einer *mulattiera* über. Schöner Blick ins Valsavarenche (5 Std.).

Auf der linken Seite unseres Pfads geht die Dora del Nivolet in einem Wasserfall nieder. Nach. ca. 200 Abstiegsmetern flacht der Pfad etwas ab und wendet sich stärker ostwärts. Er läuft aus im Rückraum des Albergo Gran Paradiso in **Pont** (5.45 Std.).

Die Schlucht der Grand Eyvia

Von Pondel nach Aymavilles

Von der römischen Aquäduktbrücke in Pondel führt ein alter Dorfpfad auf der Talwestseite hinunter ins Mitteltal – eine kurze, bequeme Wanderung mit schönen Ausblicken.

DIE WANDERUNG IN KÜRZE

+ Anspruch

1.45 Std. Gehzeit

350 m Abstieg

Charakter: Leichte Streckenwanderung im Tal; am Anfang und Ende Asphalt

Wanderkarten: Kompass 1:50 000, Blatt 86; IGC 1:50 000, Blatt 3

Einkehrmöglichkeiten: In Aymavilles mehrere Hotels und Bars, Einkaufsmöglichkeiten

Anfahrt: Busse von Aosta u.a. um 8.15, 9.45, 11.05, 13.40 und 15.35 nach Pondel (20–25 Min. Fahrzeit) – **Rückfahrt:** von Aymavilles nach Aosta u.a. um 11.34, 13.19, 15.09, 17.04 und (letzter Bus) 19.09 Uhr (15–20 Min); Aymavilles ist auch durch Stadtbusse mit Aosta verbunden. Mit dem **Auto:** In Aymavilles parken und weiter mit dem Bus nach Pondel (8.30, 10, 11.20 Uhr)

Zeitplanung: Das Tal bei Pondel liegt ab dem mittleren Nachmittag im Schatten; nicht zu spät aufbrechen!

Lassen Sie sich an der Bushaltestelle direkt am **Abzweig nach Pondel** (Pont d'Ael) absetzen. Nun knapp 1,5 km in leichtem Abstieg über die kaum befahrene Asphaltstraße – eine Alternative gibt es nicht. Der Weiler bietet Beispiele einheimischer Dorfarchitektur. Durch die Hauptgasse zur Schlucht, wo die **Aquäduktbrücke** die Schlucht und den Talfluss Grand Eyvia mit einer Weite von 50 m überspannt. Auf der Ostseite des römischen Baus (s. S. 130) ein Wegweiser (25 Min.).

Er lenkt uns nach rechts (links geht es nach Petit Poignon) auf den schmalen, aber guten Pfad Nr. 2, der gemächlich am Hang ansteigt. Schmetterlinge gaukeln, Grillen zirpen. Man erkennt die Reste aufgegebener Feldterrassen und geht an Trockenmauern entlang. Schön der Rückblick auf Pondel; im Talhintergrund sieht man dabei die Spitze der Grivola (3969 m) aufragen. Bald zieht der Pfad etwas steiler an und erreicht den Eingang eines **Tunnels** am höchsten Punkt unserer kleinen Wanderung (45 Min.).

Der Bergdurchstoß ist ca. 150 m lang, doch fällt etwa mittwegs durch eine Felsspalte Licht herein, sodass man ohne Taschenlampe auskommt. Nach dem Tunnelaustritt steiler abwärts und über eine **kleine Brücke** mit grünem Geländer (ein Abzweig

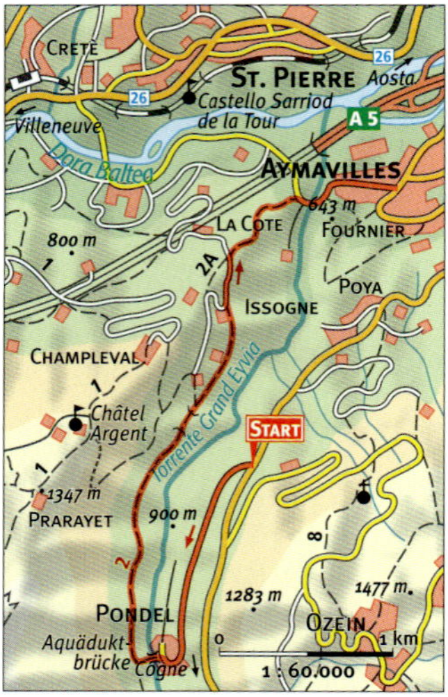

nach links/aufwärts führt nur zu einem Wohnhaus). Durch ein Waldstück, an einer Mauer entlang und über einen Bachsteg. Wenige Minuten später unterqueren wir Stromleitungen, erreichen eine raue Piste und passieren rechts unterhalb die Terrassenmauer der Häuser von **Issogne.** Kurz darauf läuft der Pfad auf ein fast unbefahrenes Makadamsträßlein hinaus (1.15 Std.).

Ihm folgen wir nach rechts, leicht an Höhe verlierend, über ca. 200 m, dann werden Stromleitungen unterquert, und wir biegen in einer Linkswendung der Straße rechts/abwärts in eine Schneise ab (provisorisches Schild: »Aymavilles«). Nach ca. 10 Metern setzt sich der alte Dorfpfad links fort (gelber Pfeil). Er verläuft

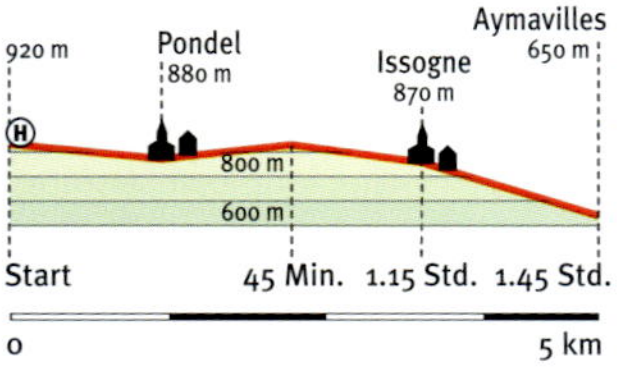

durch Mischwald, an Klippen vorbei. Es geht stetig abwärts. Bei einem kleinen Marienschrein tritt man auf die offenen Hänge vor Aymavilles hinaus. Oberhalb von Weingärten (ungepflegte *mulattiera)* abwärts zu einer Asphaltstraße, die Aymavilles und Villeneuve verbindet (1.30 Std.).

Nach rechts und sogleich auf einer Straßenbrücke über die hier aus der Schlucht austretende Grand Eyvia. Nach der Brücke links/abwärts, weiterhin auf Asphalt, zu den ersten Häusern von **Aymavilles,** *frazione* Moulins. Ca. 20 m nach dem Ortseingangsschild rechts und gleich wieder links in die nächste Straße, die man bis zu einem Straßenstoppschild ausgeht. Nun nach rechts, am Postamt und an einem Café vorbei, zum Zentralplatz mit *municipio,* Touristeninformation und Bushaltestelle (knapp 1.45 Std.).

Die Aquäduktbrücke von Pondel

Die **Aquäduktbrücke von Pondel** gehört zu den historischen Sehenswürdigkeiten des Aostatals. Schau- und Schrifttafeln erläutern kompetent ihre Funktion und Geschichte. Errichtet wurde der Bau im Jahre 3 v. Chr. auf Initiative eines aus Padua stammenden Privatiers namens Caius Avillius Caimus, der im Cogne-Tal begütert war. Der ursprüngliche Übergang, ein Korridor mit Fensterschlitzen, ist im Steinwerk der Brücke verborgen (und heute nicht zugänglich), während der mit niederen Mauern gesäumte Kanalaufbau ursprünglich Trinkwasser von der Ostseite der Schlucht heranleitete. Wir haben es also mit der – architektonisch originellen – Kombi-

Die Aquäduktbrücke von Pondel

nation einer Wasserleitung mit einem gedeckten Brückengang zu tun. Schon im Mittelalter floss allerdings kein Wasser mehr durch den Kanal, und man benutzte ihn – so wie wir es tun – als Übergang.

Durch das Grauson-Tal

Von Gimillan zum Lago Corona

In die schönen Matten zwischen Monte Emilius und Punta Tersiva sind etliche Hochseen eingestreut. Auf Alppfaden wandern wir durch ein grünes Tal zum einsamen Lago Corona hinauf – und vielleicht noch weiter zum Colle San Marcel.

DIE WANDERUNG IN KÜRZE

++
Anspruch

4.45 Std.
Gehzeit

950 m
An-/Abstieg

Charakter: Mittelschwere alpine Wanderung auf Bergpfaden

Wanderkarten: Kompass 1:50 000, Blatt 86; IGC 1:50 000, Blatt 3

Einkehrmöglichkeiten: Gimillan, Cogne

Anfahrt: Von Aosta mit dem **Bus** um 8.15 Uhr nach Cogne (Fahrzeit: 50 Min.); weiter um 9.40/9.45 Uhr nach Gimillan (Fahrzeit: 5 Min.) – **Rückfahrt:** Ab Gimillan 15.15, 16.45, 17.45 Uhr; auch mit dem Bus um 17.45 Uhr noch Anschluss nach Aosta (18.35 Uhr). Mit dem **Auto:** Parkraum am Ortseingang von Gimillan

Hinweis: Wer im privaten Bivacco Grauson (12 Lager; Kochgas) übernachtet, kann am nächsten Tag vom Colle San Marcel einerseits zu den Lussert-Seen, andererseits zu den Dreitausendern Mont Vallonet (3098 m) und Punta di Laval (3091 m) aufsteigen. Den Schlüssel zur Hütte erhalten Sie gegen Hinterlegung eines Pfands im Sportgeschäft Ezio (Tel. 0165/742 04) im Zentrum von Cogne.

Von der Bushaltestelle in **Gimillan** geht man ca. 120 m die Hauptstraße hinauf; bei einem roten Briefkasten, noch vor dem Kirchplatz des stillen Dorfes, zweigt rechts der gut markierte Fußweg ins Grauson-Tal ab (Pfad 8, 9). Ein Wohnhaus passierend und eine Asphaltstraße querend (Wegweiser), geht es auf einen schönen Wiesenpfad, der in leich-

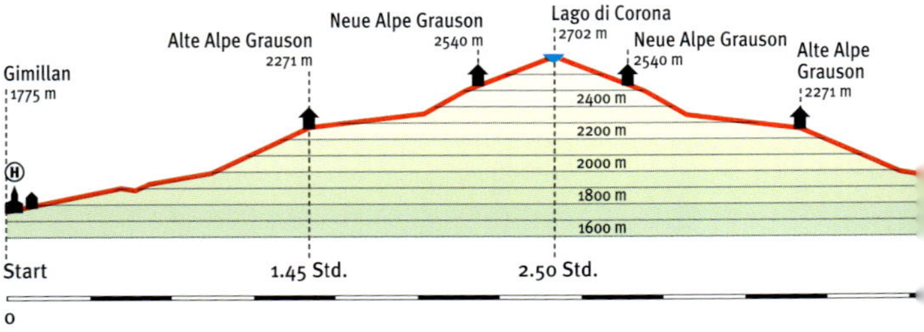

tem Anstieg über die Hänge von Gimillan ostwärts führt. Nach reichlich 15 Minuten an einem Marienschrein vorbei. Wir haben nun den **Ansatz des Grauson-Tals** erreicht. Das Gebäude auf der anderen Schluchtseite gehört zu einer der vielen Erzminen im Umkreis von Cogne. In leichtem Auf und Ab am Hang entlang, dann mit ca. 20 m Höhenverlust zu einer Holzbrücke nahe den Häusern von **Ecloseur** (35 Min.).

Am anderen Ufer (Abbruchkante) weiter ostwärts in Richtung eines Wasserfalls, zunächst in gelindem Anstieg, rechts (südlich) des Wasserfalls dann steiler. Schöner Rückblick Richtung Gran Paradiso und Tribulationsgletscher (1 Std.).

Nach den Steilstücken verläuft der Pfad wieder bequemer auf der rechten, locker bewaldeten Seite des Bachtals. Erd- und Felspassagen wechseln. Auf einer Kuppe ein Eisenkreuz; rechts zweigt Pfad 8A zum Lago Money ab. Wir halten in der bisherigen Richtung leicht bergab in den Almgrund der **alten Alpe Grauson,** einer Gruppe von – teils verfallenen – Hütten jenseits des Baches (beliebter Picknickplatz). Diesseits können Sie zwei Dutzend Meter rechts Ihre Flasche an einer der kühlsten Quellen des Aostatals auffüllen (1.45 Std.).

Nicht über die Holzbrücke, sondern zunächst auf der rechten Seite des Flusses Richtung Osten, bis der nächste Steg uns auf die andere Seite führt. Entlang eines Nebenbachs aufwärts zu einer Pfadgabel mit Wegweiser (2 Std.).

Rechts (Pfad 8) geht es in weiträumige Weidegebiete, die im Osten

Die Weidegründe des oberen Grauson-Tals, im Hintergrund die Punta Tervisa

von der gletscherbewehrten Punta Tersiva (3513 m) überragt werden; wir halten jedoch Richtung Col S. Marcel links aufwärts an den **Osthängen der Testa Praz di Ler.** Der gute Wiesenpfad (Nr. 9) windet sich durch buckliges Almgelände. Nach ca. 100 Höhenmetern bleibt rechts eine kleine Alpstation zurück; wenig später ist auf fast genau 2500 m Höhe eine weitere Weggabel erreicht (2.20 Std.).

Nach links sind es von hier nur noch wenige Minuten zur neuen Alpe Grauson mit Biwakunterkunft (rechter Bau, Eingang von hinten, Außentoilette und Lavabo). Wenn Sie von dort weiter nach Norden aufsteigen, gelangen Sie zu den bei Ausflüglern beliebten drei Lussert-Seen, der letzte, oberste unter dem Blockwerk des Colle di Laures (3036 m), von dem aus der Monte Emilius sichtbar wird.

Einsamer ist der hier vorgeschlagene Weg nach rechts (Nr. 9, Weitwanderweg 102) zum **Lago Corona** (Lac Coronaz). Dort, wo der Pfad den Abfluss quert, nach links zum Ufer des schönen Hochgebirgssees (knapp 3 Std.).

Pass-/Gipfelmöglichkeit

Der Aufstieg vom See zum **Colle San Marcel** stellt keine besonderen Anforderungen. An einem schiefrigen Blockfeld vorbei und nach einem Wegbogen über steindurchsetzte Graslehnen, schließlich über Schotter in Serpentinen hinauf zum Joch (kleiner Felsschrein mit Christuskopf; 3.30 Std.). Nach Osten öffnet sich hier ein Seitental in den Schluss des Vallone di S. Marcel. Die Aussicht reicht bis zum Alpenhauptkamm (Monte Rosa). Nach links, also nach Norden ziehen Steigspuren zu einem ersten, von einem Steinmann bekrönten Grathöcker Richtung **Monte Vallonet** (3098 m; hin und zurück knapp 2 Std.).

Einfacher und schneller ist die **Punta di Laval** (zwei Höhen: 3091 m und 3102 m) im Süden des Marcel-Passes zu erreichen – hin und zurück ca. 45 Min.; und noch einmal eine knappe halbe Stunde zurück zum See.

Der Abstieg vom Lago Corona nach **Gimillan** erfolgt auf dem Anstiegsweg (4.45 Std.).

Ein blaues Auge über Lillaz

Von Lillaz zum Lago di Loie

Zu den beliebtesten Tagesausflügen im Bereich von Cogne gehört die Runde zwischen Urtier- und Bardonay-Tal. Scheint die Sonne, wollen viele Urlauber sich das Picknick am schönen Loie-See nicht entgehen lassen.

DIE WANDERUNG IN KÜRZE

++ Anspruch

4.15 Std. Gehzeit

850 m An-/Abstieg

Charakter: Rundwanderung zunächst auf guten, später (besonders im Abstieg) ausgetretenen, beschwerlichen Pfaden; einfache Variante möglich

Wanderkarten: IGC 1:25 000, Blatt 101; Kompass 1:50 000, Blatt 86; IGC 1:25 000, Blatt 3

Einkehrmöglichkeiten: Hotelbars in Lillaz, auch Einkaufsmöglichkeiten

Anfahrt: Von Aosta mit dem **Bus** um 8.15 Uhr nach Cogne (Fahrzeit: 50 Min.); weiter von Cogne nach Lillaz in der Saison u.a. um 9.15, 10.50, 12.15 Uhr (Fahrzeit: 5 Min.) – **Rückfahrt:** Busse u.a. um 14.35, 16.05, 17.05, 18.05 (letzter Bus mit Anschluss nach Aosta). Mit dem **Auto:** Lillaz besitzt einen großen Pkw-Parkplatz.

Zu Fuß nach Lillaz: Vom Bushalteplatz über die Straße nach Osten, am Sportgeschäft Ezio vorbei, noch vor dem Restaurant Lou Ressignon rechts ab auf eine asphaltierte Hauszufahrt und vor/unter dem Haus nach links auf den *pedonale* nach Lillaz. Der beliebte Spazierweg läuft in leichtem Auf und Ab durch Lärchenwald. Nach knapp 30 Min. nicht links über die Champlong-Brücke, sondern weiter am Fluss unten (!) halten, zunächst auf rauer Trasse, dann auf Pfad, bis nach einer Picknickzone die erste Urtier-Brücke links zum Parkplatz von Lillaz führt (45 Min.).

Im Nordostwinkel des Großparkplatzes von **Lillaz** (der Dorfkern liegt auf der südlichen Fluss-Seite) beginnt unsere Wanderung. Es geht mit den gelbgrundigen Dreiecken der Alta Via 2 Richtung Finestra di Champorcher (Wegweiser). Eine Stichstraße führt vom Eck des Platzes (Souvenirläden) links/nördlich des Flusses nach Osten; zur Linken eine Häuserzeile. Nach ca. 100 m zwischen zwei Wohnhäusern mit den Wegmarken 13, 13A, 14 über Stufen links aufwärts. Sogleich ist ein guter Pfad gewonnen, zunächst beschattet von Birken und anderem Laubgehölz.

Auch in offenem Terrain geht es danach kontinuierlich aufwärts zu einer grün gestrichenen **Rohrwasserleitung**, die auf einem Steg überschritten und, höher am Hang, noch einmal berührt wird. Nach gut gebahntem Klippendurchstieg und Passage eines Marienschreins weiter am Nordhang des Urtier-Tals aufwärts, meist über Alpwiesen. Etwas oberhalb verläuft übrigens ein Teersträßlein zu etlichen Alpen. Bei einem Wegweiser mit Pfad Nr. 13 (»Bardoney«) abwärts zu zwei Alphäusern des Weilers **Gollie** (sie sind durch einen Erdfahrweg mit jener Teerstraße verbunden; Brunnen). Ca. 100 m weiter dann rechts auf einer Brücke über den **Urtier** (knapp 45 Min.).

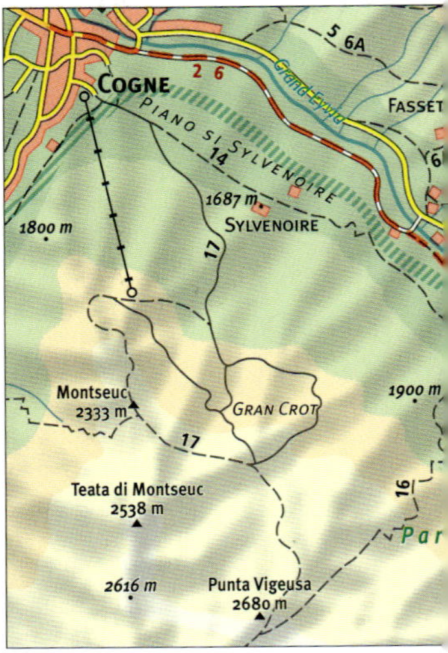

Auf der anderen Seite betreten wir den Nationalpark Gran Paradiso. Schilder mahnen zum Schutz der Natur. Der Pfad zieht nun breit, aber etwas holprig nach links in stetem Aufstieg durch Lärchenwald, insgesamt wenig aussichtsreich, dafür recht bequem. Nach einer Dreiviertelstunde erreichen wir eine Seitenschlucht, durch die der Torrente Bardoney in den Urtier rauscht. Die Pfadrichtung wechselt nun von Südost auf Süd, wir wandern rechts der Schlucht aufwärts in offeneres Gelände und stehen bald über dem grünen **Bardoney-Bachtal** vor einem Wegweiser (knapp 1.40 Std.).

Während die Alta Via 2 den Talbach quert und im Gegenaufstieg zurück ins Urtier-Tal zieht, halten wir mit Pfad 13, 13A rechts des Wasserlaufs nach Süden, nun ohne Baumschatten. Der Alppfad ist gut, der Anstiegswinkel sanft. Nachdem wir rechts eines kleinen Wasserfalls durch ein Blockfeld aufgestiegen sind, weitet der Blick sich langsam auf den Bergkamm zwischen Punta Forzo und Torre di Lavina. Bei einem weiteren Wegweiser, ca. 250 m vor der **Alpe Bardoney,** geht es für uns nach rechts, also nach Westen (2 Std.).

Das Weideterrain jener Alpe ist nicht sonderlich üppig, Schotter ›fließt‹ von den Höhen in den Talboden. Über dem Talschluss im Süden bezeichnet der Colle di Bardoney

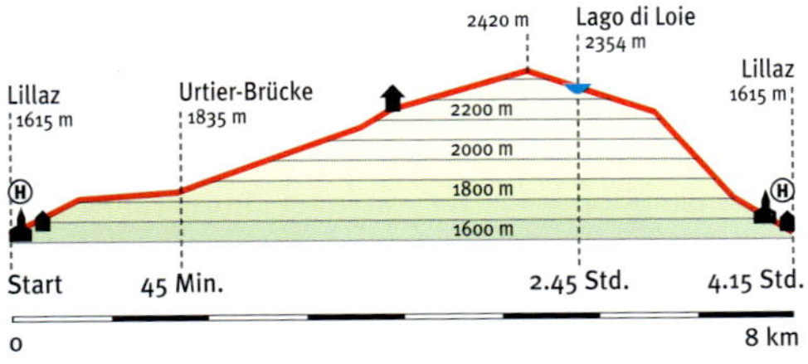

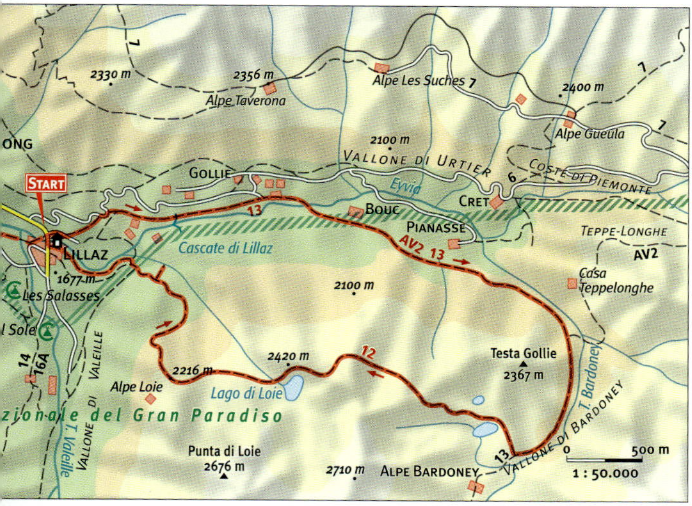

die Provinzgrenze zwischen Aostatal und Piemont.

Der Pfad (nun die Nr. 12), den wir im weiteren Anstieg über mehrere Geländestufen benützen, ist in vielen Passagen sehr ausgetreten und erodiert – kurzum unbequem, mit hohen Trittstufen. Die Wanderstöcke erweisen sich als nützlich. Nach rechts weitet sich die Aussicht ins Urtier-Tal. Kurz vor dem See, der erst spät sichtbar wird, erreichen wir unsere höchste Höhe (großer Steinmann), mit Panoramablicken bis zum Montblanc. Im Norden ragen, sehr viel näher, Torre Ponton und Punta Tersiva auf; im Tiefblick liegen Cogne und Gimillan.

Der Abstieg führt uns hinunter zum **Lago di Loie** (Lac de Loye) und an seinem nordwestlichen Ufer entlang zum Seeabfluss. Bei gutem Wetter sonnen sich zahlreiche Wanderer auf den grünen, steindurchsetzten Lehnen und Kuppen um den fischreichen Erosionssee, der von der Punta di Loie überragt wird (2.45 Std.).

Bequemere Variante

Wer sich die Mühen eines Steilanstiegs nach Lillaz ersparen will, kehrt von hier einfach auf dem Herweg zurück.

Weiterhin auf Pfad Nr. 12 verlassen wir die Seemulde nach Westen. Der Pfad, der sich auf den letzten Höhen vor dem See und am Gewässer selbst in ordentlichem Zustand befindet, wird nun schlechter – schlechter noch als in den erwähnten Aufstiegspassagen. Zunächst führt er, gelegentlich Alternativspuren ausbildend, durch steiniges Gelände mit Niederwuchs, dann tritt er in Lärchenwald ein.

Den nun beginnenden Steilabstieg erschweren immer wieder die freiliegenden Wurzeln von Nadelbäumen, die Fangstricken gleich über den Pfad ziehen, aber auch losgetretenes Gestein. Die Wanderstiefel unzähliger Jugendgruppen, die hier hinabgeprescht sind, haben Wirkung gezeigt. Mühsam steigt

Am Lago di Loie

man über mehrere hundert Meter abwärts; schließlich geht es an einem Schild des Nationalparks vorbei, den wir nun wieder verlassen. In der Folge wird der Pfad, an einer Stelle glatte Felsflanken zur Linken passierend, nach und nach annehmlicher, zahmer.

Nutzen Sie auf ca. 1680 m Höhe die Gelegenheit zu einem kurzen Abstecher (ca. 100 m; Wegweiser) nach rechts zu einer kleinen **Aussichtsplattform,** von der aus die berühmte Cascate di Lillaz unverstellt im Blick liegt. Der schöne Wasserfall geht in die Urtier-Schlucht nieder, der wir uns unterdessen wieder genähert haben (4 Std.).

Wenig später erreicht Pfad Nr. 12 das befestigte Flussufer (ca. 1610 m). Nach links geht es am grünblauen Wasser auf breitem Spazierweg (Rastbänke) an einem Picknickgelände vorbei in das Zentrum von **Lillaz** und nach rechts über die Brücke wieder zum Großparkplatz (reichlich 4.15 Std.), wo unsere Wanderung begann.

Durch Viktor Emanuels Jagdrevier

Von Valnontey nach Herbetet und zur Sella-Hütte

Durch das wilde Valnontey wandern wir zu den grünen Matten von Herbetet; dann auf besonders aussichtsreichem Pfad zur beliebten Sella-Hütte und auf einem der königlichen Reitwege wieder hinunter ins Tal – eine großzügige Rundtour.

DIE WANDERUNG IN KÜRZE

+++ Anspruch

6.30 Std. Gehzeit

1050 m An-/Abstieg

Charakter: Rundwanderung auf Bergpfaden; anspruchsvoll, mit einigen etwas ausgesetzten Passagen, nach den Herbetet-Hütten (bis dorthin einfach, hin und zurück 4.45 Std.)

Wanderkarten: IGC 1:25 000, Blatt 101; Kompass 1:50 000, Blatt 86; IGC 1:50 000, Blatt 3

Einkehrmöglichkeiten: Valnontey, Rifugio V. Sella

Anfahrt: Von Aosta mit dem **Bus** um 8.15 Uhr nach Cogne (Fahrzeit: 50 Min.); Bus um 9.15 (Hochsaison) oder 9.30 Uhr von Cogne nach Valnontey (Fahrzeit: 5 Min.) – **Rückfahrt:** Von Valnontey häufige Busverbindung nach Cogne, z.B. um 17.20; auch mit dem Bus um 18.20 Uhr noch Anschluss an den letzten Aosta-Bus. Mit dem **Auto:** am Ortseingang von Valnontey Pkw-Parkraum

Vom Busplatz am Ortseingang von **Valnontey** südwärts durch das vom Tourismus geprägte Örtchen. Zur Linken bleibt die Hauptbrücke zurück, und bald endet der Asphalt; ein Erdfahrweg führt links des **Torrente Valnontey** tiefer in das Tal, das erst vor den Gletschern (Tribolazione, Gran Crou, Money) unter Gran Paradiso und Gran San Pietro auslaufen wird. Nach ca. 600 m vorbei an einer weiteren Brücke. Ab hier ist die Piste für Autoverkehr gesperrt; sie wird zum Karrenweg, zum breiten Spazierpfad. Wegnummern sind die 21, 22 und 23.

In leichtem Anstieg durch lichten Wald mit Buschwerk; rechts legt ein Wohnhaus sich skurril an einen Sturzblock; bald darauf an einer dritten Brücke vorbei. Einige Minuten nach dem Weiler **Valmiana** (Brunnen; 30 Min.) zweigt links unser Pfad ab; er zieht ca. 20 m hoch über dem Fluss am Hang entlang. (Ein links abgehender Pfad – Nr. 20 – ist für uns irrelevant; er führt zum Bivacco Martinotti.)

Über eine Flussbrücke **(Pont de l'Erfaulet;** 50 Min.) auf die rechte Talseite; breite Schottergürtel legen sich hier um den Torrente Valnontey. Weiter geht es durch einen Waldstreifen zwischen Flussgeröll zur Linken und Klippen zur Rechten, dann über Felstreppen hinauf zu einem Nebenbach mit Steg (1.15 Std.). Noch höher rauscht im wilden Talschluss überall Wasser von den Felsen. Auf ca. 2050 m Höhe eine Pfadgabel. Während Pfad 21 und 21A weiter südwärts Richtung Tribulationsgletscher halten, wendet sich unser Pfad, Nr. 23, nach rechts (1.30 Std.).

Nun in lang gezogenen Serpentinen auf weiterhin gutem Weg durch die höheren Bereiche der Klippen, die wir soeben durchwandert haben, und auf 2120 m erneut über den unten schon überschrittenen **Torrente Herbetet.** Die Baumgrenze bleibt zurück, der Pfad windet sich durch Fels-Gras-Terrain und erreicht die **Casolari dell'Herbetet** (Quelle; 3 Std.) mit Resten einer alten Alpstation und mit einer neuen Parkwächterhütte. Die Grashänge laden zum Picknick ein – und zur Beobachtung des Steinbockrudels, das etwas oberhalb in einer Felshöhle Quartier genommen hat.

Die Wanderung, bislang einfach, wird in der Folge anspruchsvoller. Wir benutzen weiter Pfad 23. Im leichten Auf und Ab talaus, also nach Norden. Links Klippen, rechts Steilhänge, bis eine Wiesenschulter **(Pian di Ressello;** schöner Rastplatz) Vorblick auf Valnontey, Cogne sowie Gimillan und Rückblick auf die Talschluss-Gletscher bietet (3.30 Std.).

Nun nach Westen in das Seitental **Gran Valle** hinein, zunächst mit ca. 30 m Höhenverlust, dann durch Blockfelder (leichte Kraxelei) hinüber zum Talbach, der die Gletscher unter der Gran Serra entwässert. Auf ca. 2590 m Höhe verlässt unser Pfad den Taleinschnitt wieder.

Es folgen im fortdauernden Anstieg ausgesetzte Passagen entlang der Ostklippen des Bergstocks **Bec du Vallon,** u.a. eine Steilstelle, die durch Holzplanken und eine Fixkette entschärft wurde. Kurz darauf ist auf ca. 2645 m – höchster Punkt unserer Tour – einer jener Reitwege erreicht, die ›Jägerkönig‹ Vittorio Emanuele II. anlegen ließ (4.30 Std.).

Der königliche Plattenweg zieht in leichtem Auf und Ab links am ersten der **Laghetti del Lauson** vorbei durch schönes Alpgelände mit Panoramablicken bis zum Grand Combin. Bald nach dem zweiten Seelein geht es stärker in den Abstieg. Vor dem Hintergrund der Punta Rossa werden die Bauten des **Rifugio Vittorio Sella** sichtbar. Wir erreichen sie auf einem Steg über den Torrente Gran Lauson (5 Std.).

Zwei lang gestreckte Häuser dienen als Restaurant und als Nachtquartier (100 m abseits eine Bar; bei dem vierten, etwas höher gelegenen Bau handelt es sich um ein Parkwächterhaus). Der Rifugio Vittorio Sella, benannt nach einem italienischen Alpenfotografen, ist aus einer

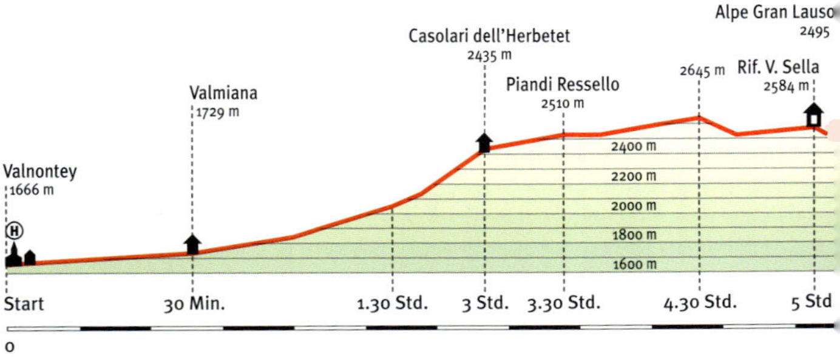

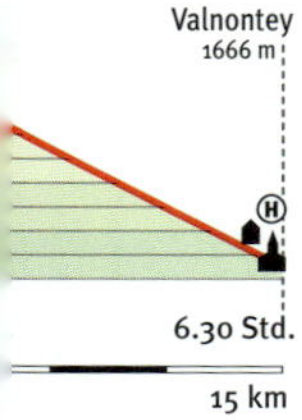

königlichen Jagdstation hervorgegangen und seit 1922 Berghütte des italienischen Alpenvereins CAI.

Links am Parkwächterhaus vorbei (Wegweiser) geht es mit Pfad Nr. 18 und den Dreiecken der Alta Via 2 in den Abstieg, zurück Richtung Valnontey. Wiederum benutzen wir dabei einen **Reitweg des ›Jägerkönigs‹.** Der gute, viel begangene Pfad (da und dort Abkürzer) zieht in Kehren abwärts, lässt die Alpe Lauson

(Verbindungspfad) jenseits des Talbachs zurück und passiert auf ca. 2200 m die Waldgrenze. Auf ca. 1970 m Höhe lohnt sich der kurze Abstecher nach rechts zu einer Holzbrücke, die Aussicht auf die Kaskaden des hier tief eingeschnittenen Bachtals bietet.

Kurz nach dem Zaun des **Giardino Alpino Paradisia,** eines exemplarisch ausgestatteten Alpengartens (Eintrittsgebühr), läuft der alte Reitweg auf den Asphalt des westlichen Ortsteils von **Valnontey** hinaus. Auf ihm hinunter zur Flussbrücke und jenseits links zur Busstation (6.30 Std.).

Pfad zwischen Herbetet und der Sella-Hütte

Zu Fuß ins Cogne-Tal

Von Chamolé nach Gimillan

Der altgediente Übergang aus dem Tal der Dora Baltea ins Tal der Grand Eyvia, kurz: von Aosta nach Cogne, führt durch stille Weidetäler und bietet Prachtaussichten auf die Gipfel des Nationalparks Gran Paradiso.

DIE WANDERUNG IN KÜRZE

+ Anspruch

4.15 Std. Gehzeit

600 m Anstieg

1150 m Abstieg

Charakter: Einfache Wanderung auf Bergpfaden; am Anfang und Ende Piste

Wanderkarten: Kompass 1:50 000, Blatt 86; IGC 1:50 000, Blatt 3

Einkehrmöglichkeiten: In Pila, neben der Sesselliftstation in Chamolé, in Gimillan, in Cogne

Anfahrt: Vom Bushof in Aosta zu Fuß in 1–2 Min. zum Bahnhof, durch die Gleisunterführung, jenseits rechts durch die Via Paravera, bis sich links der große Parkplatz der Seilbahnstation öffnet (ca. 15 Min.). Auffahrt mit der *telecabina* zur Bergstation Pila (knapp 30 Min.), von dort an der Yeti-Bar vorbei über einen Wiesenhang abwärts zum Sessellift *(seggiovia)*; Auffahrt zur Bergstation Chamolé (15 Min.) – **Rückfahrt:** Von Gimillan alle 60–90 Min. ein **Bus** nach Cogne, z.B. um 14, 15.15, 16.45, 17.45 Uhr (Fahrzeit: 5 Min.). Von Cogne um 14.35, 16.30 und 18.35 Uhr (letzter Bus!) zurück nach Aosta (Fahrzeit: 50 Min.).

Unsere Wanderung beginnt auf 2300 m Höhe bei der Bergstation des Sessellifts in **Chamolé.** Schräg gegenüber die bekannte Holzskulptur des ›Christus der Schneefelder‹. Auf der Piste nach rechts, sogleich vorbei am Ausflugslokal Rifugio Chamolé (Brunnen) und leicht abwärts. Nach reichlich 10 Minuten zweigt links – **Achtung:** keine Markierungen! – ein Jeepweg ab und unterquert bald die Kabel eines Skilifts. Kurz darauf, dort, wo der Jeepweg scharf nach links zieht, beginnt unser Pfad zum Colle Tza Séche. Das Séche-Tal liegt zur Rechten, unten sieht man die Alpe La Nouva. Zur Linken eine steile, licht bewaldete Hügelflanke. Unser Pfad bildet sich allmählich kräftiger aus, und bald stößt von rechts der tiefer ansetzende **markierte Hauptpfad** hinzu (20 Min.).

Mit diesem Pfad (Nr. 22) nun durch Almgelände über mehrere Geländestufen aufwärts. Ab ca. 2430 m Höhe rechtshaltend in den **Oberlauf des Séche-Tals** hinein zu einer Quelle. Die Landschaft wird gerölliger, und etwas höher laviert unser Pfad geschickt durch ein Blockrevier. Schließlich auf grünem, blockigem Hang steil, aber unpro-

Am Colle Tsa Séche

blematisch in Serpentinen hinauf zum **Colle Tza Séche** – kein Joch, sondern ein flacher Kammübergang (knapp 2 Std.). Die prächtige Aussicht umfasst die Felspyramide der Grivola (3969 m), die Gran-Paradiso-Gruppe und die ›Apostel‹-Gruppe.

Ein Wegweiser bezeichnet die Wandermöglichkeiten: nach links (Nordosten) zur Punta della Valletta, von wo man zum Colle di Chamolé absteigen und zur Bergstation des Sessellift zurückkehren könnte (im Gipfelbereich anspruchsvoll); nach rechts über den Kamm in leichtem Abstieg bis zum Col de Drinc (2555 m; einfach). Wir halten jedoch halblinks und queren am Grashang hinüber zu einem zweiten, namenlosen **Sattel,** wo vor einer Doppelhöhe zur Rechten der eigentliche Abstieg ins Hochtal unter der Punta della Valletta beginnt. Von dort zieht der gute Pfad (Nr. 3A) über mehrere Geländestufen hinunter in die Weidegründe der **Alpe Arpisson,** die Milchprodukte verkauft (3 Std.).

Von der Alpe nach links über den **Torrente Arpisson** (Holzsteg), danach in leichtem Gegenanstieg ›um die Ecke‹ in die Cogne-Talflanke. Epinel und Cogne werden sichtbar. Leicht abwärts über den Steilhang, dann ausgeprägterer Abstieg. Wir wandern mittlerweile im Lärchenwald, queren die Seitenschlucht des **Rivo Terrembé** (3.45 Std.) und passieren einen Pfadabzweig links nach Tsaplana, bald auch einen Rechtsabzweig. Die ersten Häuser von Gimillan werden sichtbar, und unser Pfad läuft auf einen Erdfahrweg aus, dem wir nach links/abwärts folgen (knapp 4 Std.).

Nach 10 Minuten geht die Piste am Ortssaum in Asphalt über; bei einem Brunnen leicht rechts versetzt abwärts zum Kirchplatz von **Gimillan** (Hotels, Cafés, *alimentari)* und die Hauptstraße weiter hinunter zum Ortsausgang mit der Bushaltestelle (4.15 Std.; mit Pfad 8 ist, mehrfach den Asphalt querend, in 30 Minuten auch ein Fußabstieg nach Cogne möglich).

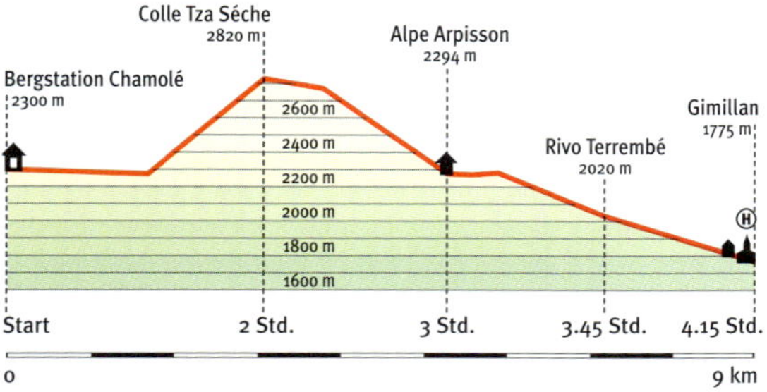

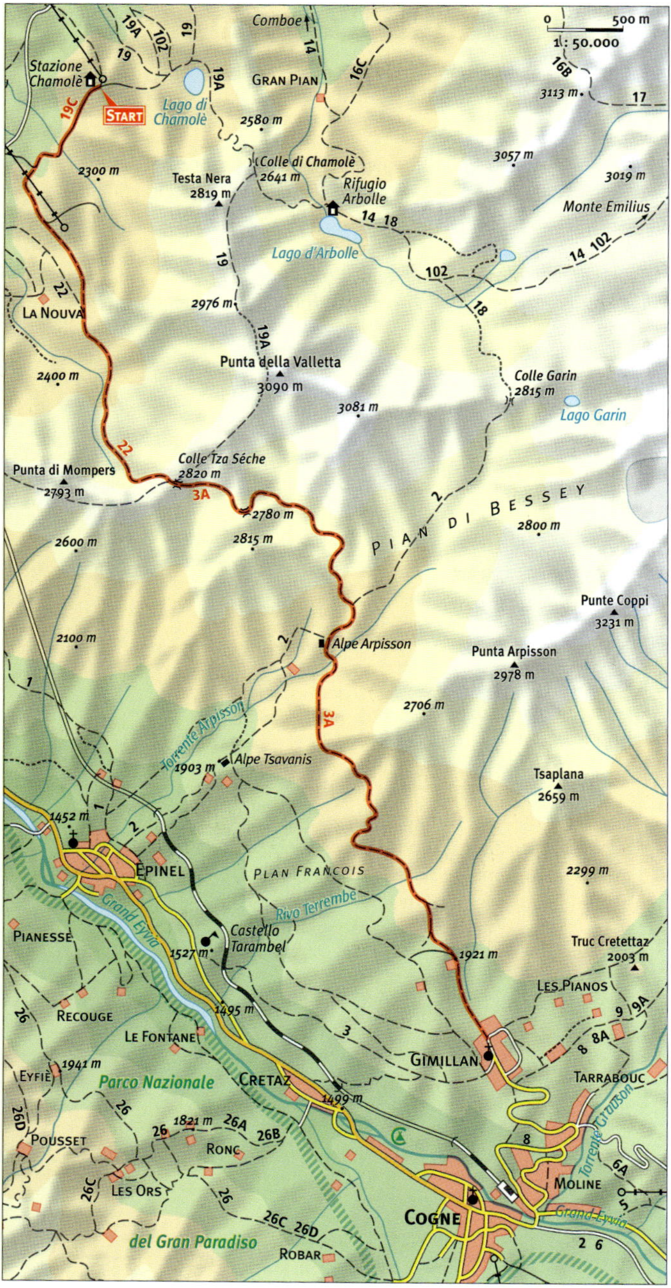
Comboe
0
500 m
1 : 50.000
Stazione Chamolè
Start
Lago di Chamolè
Gran Pian
2580 m
Colle di Chamolè 2641 m
Rifugio Arbolle
Lago d'Arbolle
3113 m
3057 m
3019 m
Monte Emilius
2300 m
Testa Nera 2819 m
La Nouva
2976 m
Punta della Valletta 3090 m
3081 m
Colle Garin 2815 m
Lago Garin
2400 m
Punta di Mompers 2793 m
Colle Tza Séche 2820 m
2780 m
2815 m
2600 m
Pian di Bessey
2800 m
Punte Coppi 3231 m
2100 m
Alpe Arpisson
Punta Arpisson 2978 m
2706 m
Torrente Arpisson
1903 m
Alpe Tsavanis
Tsaplana 2659 m
1452 m
Épinel
Plan Francois
2299 m
Rivo Terrembe
Grand Eyvia
Pianesse
Castello Tarambel
1527 m
1921 m
Truc Cretettaz 2003 m
Les Pianos
Recouge
1495 m
Le Fontane
Gimillan
Tarrabouc
1941 m
Eyfiè
Parco Nazionale
Cretaz
1499 m
Torrente Grauson
1821 m
Pousset
Ronc
Moline
Les Ors
Cogne
Grand Eyvia
del Gran Paradiso
Robar

Tour 34

Auf die Hausberge von Aosta

Becca di Nona und Monte Emilius

Zwei Dreitausender überragen im Süden die Stadt Aosta, beliebte Ausflugsziele an Sommerwochenenden. Seit der Eröffnung der Berghütte Arbolle kann man in zwei Tagen beide Gipfel in einer großzügigen Rundtour besuchen.

Charakter: Hochalpine anspruchsvolle Zwei-Tage-Tour auf Bergpfaden; im Gipfelaufstieg zum Monte Emilius nur Wegspuren; Kondition erforderlich. Nur bei sicherem Wetter zu den Gipfeln aufbrechen

Wanderkarten: Kompass 1:50 000, Blatt 86; IGC 1:50 000, Blatt 3

Anfahrt: Vom Bushof in Aosta zu Fuß zum Bahnhof, durch die Gleisunterführung, jenseits rechts durch die Via Paravera, bis sich links der große Parkplatz der Seilbahnstation öffnet (ca. 15 Min.). Auffahrt mit der telecabina zur Bergstation Pila (knapp 30 Min.), von dort an der Yeti-Bar vorbei über einen Wiesenhang hinunter zum Sessellift; Auffahrt zur Bergstation Chamolé (15 Min.) – Rückfahrt: Letzte Abfahrt mit dem Sessellift um 17 Uhr.

Hinweis: Wer auf den schwierigeren Monte Emilius verzichtet, kann die Becca di Nona ersteigen und danach zur Sessellift-Station zurückkehren (ca. 1350 m An- und Abstieg, 7.30 Std., früh aufbrechen!)

Erster Tag

Von der Bergstation Chamolé zur Arbolle-Hütte

Gehzeit: 7.15 Std.

Anstieg: 1500 m

Abstieg: 1300 m

Einkehrmöglichkeiten: Bergstation Chamolé, Rifugio Alpe Arbolle

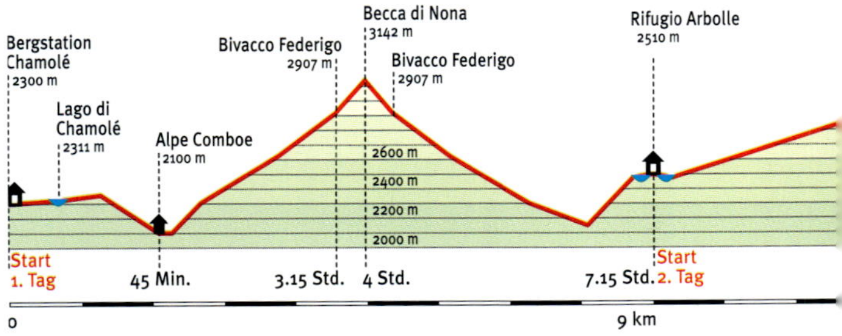

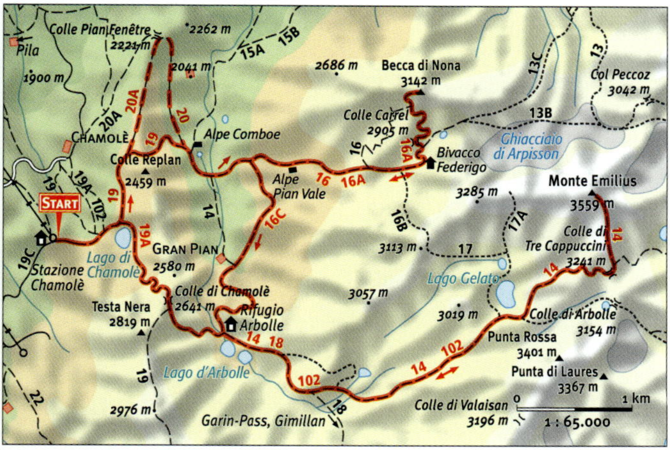

Unterkunft: Bivacco Federigo (9 Lager, keine Kochgelegenheit, Wasser aus dem ca. 35 m tiefer gelegenen See auf der Ostseite des Passes); Rifugio Alpe Arbolle (Tel. 0335/ 68 44 703; 60 Betten; Duschen)

Vor der **Bergstation des Chamolé-Sessellifts** den breiten Pfad nehmen, der beim ›Christus der Schneefelder‹ von der Piste abzweigt und weithin eben in 7 oder 8 Minuten hinüber zum **Lago di Chamolé.** Die Uferwiesen sind ein beliebtes Picknickgelände. Auf der Ostseite des Sees beginnt der Aufstieg zum Colle di Chamolé und zum Rifugio Arbolle. Es setzt hier aber auch ein schmaler Pfad (Nr. 19) ein, der nördlich durch Gras-Fels-Gelände am Hang Richtung Comboe-Tal quert. Dies ist unser Weg. Ein unbezeichneter Abzweigpfad zum Kamm nach rechts bleibt nach ca. 3 Minuten zurück; in leichtem Anstieg, letzte Lärchen zurücklassend, etwas ausgesetzt zu einer Übergangsstelle (Tiefblick auf Aosta, Weitblick auf den Alpen-Hauptkamm) und weiter zu einer Pfadgabel auf ca. 2360 m Höhe, bekannt als **Colle Replan.** Man benutzt nun entweder den weiter nordwärts ziehenden Pfad 20A (aussichtsreicher) bis zum Colle Plan Fenêtre

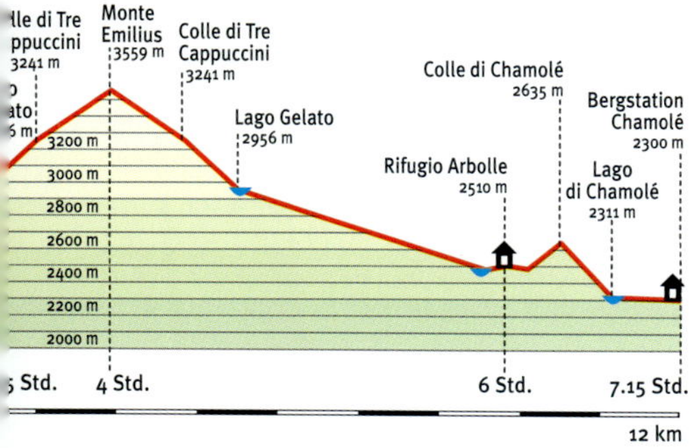

(2221 m), wo es auf bequemem Weg rechts zur **Alpe Comboe** (ca. 2100 m) geht, oder steigt mit Pfad 19 (kürzer, steil) zu jener Alpe ab (45 Min. über den Steilpfad). Im Osten baut sich die Becca di Nona (3142 m) auf.

Man wendet sich von der Alpe südwärts/rechts, entlang eines Baches. Unweit ein Kreuz auf einer Kuppe und ein kleiner Stausee. Nach ca. 7 Minuten von Comboe eine Pfadgabel; hier mit dem gelben Punkt links, also am Bach halten, der nach wenigen Minuten auf rustikalem Holzsteg überschritten wird. **Achtung!** Nun weiter mit den gelben Marken von Pfad 16, zunächst nach links. In leichtem Auf und Ab durch lichten Lärchenwald auf den Bergfuß zu. Zwischen zwei Felsen beginnt der Aufstiegspfad (1 Std.).

Auf schottriger Spur in Kehren recht steil aufwärts, bis auf ca. 2300 m Höhe Pfad 16C von rechts hinzustößt. Wenig später erreichen wir das blockige Weideterrain der verfallenen **Alpe Pian Vale** (1.45 Std.).

Über einen hochgeschobenen Moränenkamm nach links und zwischen begrünten Hangpartien und Geröll zu einer Gabel auf ca. 2630 m. Pfad 16 führt hier links, kürzer und steiler, zum Gipfel Becca di Nona. Wir nehmen den etwas einfacheren **Pfad 16A,** der zunächst zum Colle Carrel zieht (2.15 Std.).

Etwas einfacher, aber keineswegs bequem! Denn es geht in oder neben

Blick vom Colle di Chamolé auf die Arbolle-Hütte am gleichnamigen See

Schotterrinnen aufwärts auf eine in den Talkessel vorspringende Klippe zu, die rechts passiert wird. Hoch im Talschluss ist schon die weiße Biwaktonne erkennbar. In weiten Serpentinen zum **Colle Carrel** hinauf, dem Joch zwischen Monte Emilius und Becca di Nona. Unser Pfad läuft – zuletzt sehr steil – bei den Trossen des **Bivacco Federigo** aus (3.15 Std.).

Nun nach links über den Grat, einen Gendarmen umgehend, und einen Grus-Schotter-Hang hinauf. Auf ca. 3080 m Höhe zieht von links Pfad 16 heran. Das Gelände wird nun felsiger, aber auch flacher, und bald ist die weiße Madonnenstatue etwas rechts des eigentlichen Gipfels der **Becca di Nona** (knapp 4 Std.; erstmals 1832 erstiegen) sichtbar. Der prächtige Weitblick umfasst den Alpenhauptkamm ebenso wie Teile des Mitteltals; 2500 m tiefer sieht man Aosta liegen (4 Std.).

Auf dem Anstiegsweg zurück bis zur Weggabel auf ca. 2300 m, wo wir nicht weiter in Richtung Comboe-Alpe absteigen, sondern **Pfad 16C** nehmen, der den licht bewaldeten Hang entlang nach Süden zieht, auf den Talschluss zu und sich nahe einem zerstörten Alpbau **(Gran Pian)** mit Pfad 14 verbindet (6 Std.).

Nun nach Süden auf Felsabbrüche zu. Unser Hangpfad berührt zunächst rechtshaltend den Arbolle-Bach und wendet sich dann nach links zu den Klippen, wo ein schmaler Steig sehr steil (Handeinsatz!) durch eine Rinne zur durchfelsten Weideebene unterhalb des Arbolle-Sees hinaufzieht. Dort zunächst kurz nach rechts, dann mit den Markierungen südwärts zur höher gelegenen **Arbolle-Hütte** (7.15 Std.).

Zweiter Tag

Von der Arbolle-Hütte zur Bergstation Chamolé

Gehzeit: 7.15 Std.

Anstieg: 1250 m

Abstieg: 1450 m

Einkehrmöglichkeiten: Rifugio Arbolle, Lokal bei der Bergstation

Madonnenstatue auf dem Gipfel der Becca di Nana

Von der **Arbolle-Hütte** oberhalb des Sees in wenigen Minuten auf einem Verbindungspfad zum tiefer am Hang verlaufenden ›regulären‹ Pfad und mit ihm weiter nach Südosten. Die beiden Seebecken bleiben rechts zurück. Tiefer im Tal trennen wir uns von Pfad 18 zum Colle Garin. Unser Pfad (Nr. 14; Wegstück der Alta Via 102) zieht nun stärker östlich, steigt zunächst über einen Hang auf und bewältigt danach, mit kleineren Zwischenabstiegen und Gegenaufstiegen, in geschickter Führung das Gelände auf einem Kamm in der Talmitte. Im Rückblick wird der Montblanc sichtbar, über den Garin-Pass nach rechts auch der Gran Paradiso; der Felsklotz im Vorblick ist der Monte Emilius. Durch zunehmend unwirtlicheres Gelände zum **Lago Gelato** inmitten von Geröllfeldern (Wegweiser; 1.45 Std.).

Auch der ermüdende Aufstieg zum **Colle di Tre Cappuccini** unmittelbar im Westen – gut erkennbar an den drei Gratgendarmen, die ihn ›bewachen‹ – führt durch Blockfelder. Steigspuren und gelbe Markierungen leiten (nach der Trennung vom Pfad zum Colle d'Arbolle auf ca. 3000 m) zuverlässig links an den Felsabbrüchen unterhalb des Passes vorbei. Liegen früh im Jahr noch Schneereste auf dem Geröll, ist Vorsicht geboten (2.45 Std.).

Das gilt auch für den Gipfelgrat, auf dem man vom Pass her nach Norden einschwenkt. Es geht, allmählich steiler, durch Blockwerk und über Felsen, leichte Kraxelei da und dort eingeschlossen. Nach etwa zwei Dritteln der Strecke führt der Grataufstieg an einer Höhlung im Fels vorbei. Den Gipfel (knapp 4 Std.) markieren ein Kreuz und eine Madonnenstatue. Benannt ist der **Monte Emilius** übrigens nach einem Mädchen, der 14-jährigen Emilie Argentier, die 1839 auf dem Gipfel stand; lang hielt sich noch der ältere Name Punta di Vallé, während der Versuch, den wohl aussichtsreichsten Gipfel des Aostatals zu Ehren von Papst Pius IX. umzubenennen, keine Resonanz fand.

Für den Abstieg bis zum **Rifugio Arbolle** sind reichlich 2 Std. zu veranschlagen.

Danach von der Berghütte abwärts und auf Trittsteinen und Planken über den Seeabfluss (ca. 2490 m). Nun beginnt der letzte Aufstieg, mit schottrigen Passagen, zum **Colle di Chamolé** (links Abzweig zur Punta della Valletta; s. Tour 33).

In ausschwingenden Kehren hinunter zum Ostende des Chamolé-Sees, dann, wie vom ersten Tag bekannt, oberhalb des Ufers nach Westen und auf einem breiten Spazierpfad zur **Bergstation Chamolé** (7.15 Std.).

Die große Champorcher-Runde

Drei Trekkingtage im einsamen Südwesten des Aostatals

Von Mellier auf alten Saum- und Alppfaden nach Dondenaz; über hohe Pässe und durch ein spektakuläres Seengebiet zur Barbustel-Hütte; schließlich zurück ins Champorcher-Tal – eine Panoramaroute mit drei Prachtetappen.

Charakter: Dreitägige hochalpine Trekkingtour, mittelschwer, meist auf Bergpfaden; zwei Hüttenübernachtungen

Wanderkarten: IGC-Karte 1:50 000, Blatt 9; genauer ist die Karte »Les sentiers de Champorcher« 1:25 000, die kostenlos in den Hotels des Champorcher-Tals abgegeben wird

Anfahrt: Von Aosta mit dem **Zug** bis Hone oder mit dem **Bus** bis Bard (jeweils knapp 1.15 Std.; im zweiten Fall von der Straße zu Fuß über die Flussbrücke nach Hone; am Ortsrand vor den Schienen nach rechts zum ca. 300 m entfernten Bahnhof; der Bus ins Champorcher-Tal hält u.a. vor dem Bahnhof. Abfahrt nach Mellier: 9.40, 14, 16.45, 18.45 Uhr (30 Min. Fahrzeit); nur wenn Sie den ersten Bus erreichen, können Sie ohne Übernachtung in Mellier den ersten Tag der Tour angehen. – **Rückfahrt:** Von Chardoney um 11.20 (erster Bus), 15.20, 17.20, 19.20 Uhr (Fahrzeit: 30 Min.) nach Hone; auch mit dem letzten Bus noch Zuganschluss (von Hone) oder Busanschluss (von Bard) nach Aosta/Stadt. Mit dem **Auto:** In Mellier großer Parkplatz unterhalb der Durchgangsstraße.

Erster Tag

Von Mellier zum Rifugio Dondenaz

Gehzeit: 5.15 Std.

Anstieg: 1200 m

Abstieg: 300 m

Einkehrmöglichkeiten: Hotelbars und Einkaufsmöglichkeiten in Mellier, Rifugio Dondenaz

Unterkunft: Rifugio Dondenaz (Tel. 0347/254 83 91, 24 Betten, Duschen)

Von der Bushaltestelle im Zentrum von **Mellier** nach Südwesten abwärts zu einem Parkplatz und spätestens vor dem Hotel Beau Sejour im Westen des Parkplatzes weiter abwärts zu einem Asphaltsträßlein (Treppe oder Rampe, dann Wiesenpfad am Hang).

Auf diesem Sträßlein ca. 100 m nach rechts in den Weiler **Verana** bis Haus 47, wo man (Treppe, grünes Geländer) einen alten Pflasterweg erreicht. Durch den Weiler (Brunnen; Kapelle) abwärts zu einer dritten Asphaltstraße.

Hier rechts und über eine Brücke, dann links in leichtem Gegenaufstieg am Saum eines wilden Blockfelds zum Weiler **Outreleve** (Kapelle mit Fassadenmalerei). Aber schon einige Dutzend Meter vor der Kapelle zweigt rechts (Wegweiser, Wanderkarte) unser Pfad ab.

Gut gewartet und teils gepflastert zieht er (noch ein Abzweig nach Outreleve) nach Südwesten in die **Valle della Legna,** das ›Brennholz‹-Tal. Mischwald und Weidegründe wechseln, der Pfad windet sich geschickt zwischen mächtigen Sturzblöcken. Nach der zweiten Gruppe ruinierter Alpbauten weist ein Wegweiser über den Talbach zur Alpe Trome (30 Min.).

Wir halten jedoch die bisherige Richtung; auch dort, wo kurz darauf nach rechts (Wegweiser) Pfad 4G zu den Höhen der Bec de Monpey abzweigt. Bei der nächsten Gabel aber verlassen wir den Hauptpfad (Nr. 4), der über den Bach links Richtung Colle Santanel zieht, und halten auf dem schwächeren **Pfad 4F** mit der Wegweisung »Colli di Larissa/Lago Vercoche« westwärts ins Vercoche-Tal (1 Std.).

Zur Linken sieht man im Weidegrün die Alpe Ourty liegen. Anfangs, am Saum von Geröllfeldern, nicht gut markiert, bildet sich der Pfad im weiteren Aufstieg deutlich heraus. Ab ca. 1540 m Höhe begleitet uns am Lärchenhang ein Bächlein. Im Vorblick taucht bald eine Talenge (mit kleinem Wasserfall) auf, die wir auf ca. 1835 m Höhe passieren (2 Std.).

Jenseits weitet sich ein Alpboden; in seinem Westabschluss die **Alpe Vercoche** (Notunterschlupf; zwei Hirtenlager). Man erreicht sie nach weiteren etwa 5 Minuten – wobei man, statt den gelben Markierungen durch das Geröll zu folgen, besser gleich den Steg über den Bach nach links nimmt und dann über die flachen Wiesen auf die Bauten zuhält.

Jenseits der Alpe durch kleinkammriges Gelände mit lockerem Lärchenbestand und blockigen Almflächen/-buckeln weiter nach Westen/Südwesten auf die Bergscheide zwischen Bec Laris und Punta di Varea zu. Etwa eine halbe Stunde nach der Alpe berührt unser – schmaler – Pfad mehrere Rinnsale, danach beginnt ein recht steiler, zuweilen mühsamer Aufstieg. Blockfeldern ausweichend, geht es über ca. 200 Höhenmeter den Hang hinauf, dann flacht die Steilstufe ab, und halblinks breitet der **Lago Vercoche** sein kaltes Wasser aus (3.15 Std.).

Man könnte nun zum See absteigen (guter Rastplatz), unsere Route führt aber nach rechts (Pfad 5) in leichtem Auf und Ab über einen schütter bewachsenen Steinhang, vorbei an Klippen, zum nächsten, namenlosen **Übergang** und verlässt dort das Vercoche-Tal, um über Fels

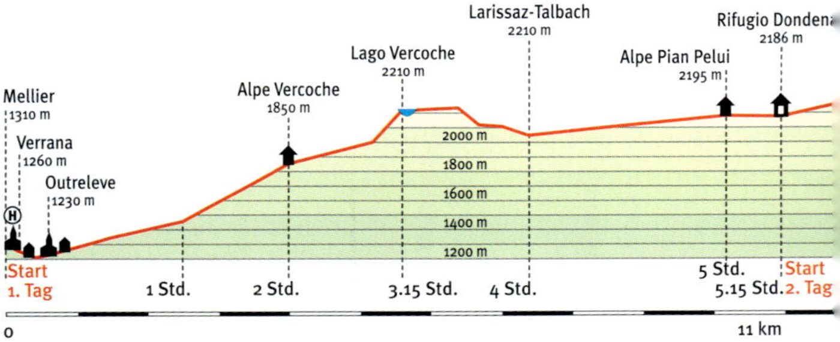

und Schotter über die linke Bergflanke in einen Talboden mit viel Blockwerk abzusteigen – und weiter abzusteigen nach rechts über einen Hang ins Larissaz-Tal, dessen Bach auf Trittsteinen gequert wird (Wegweiser; 4 Std.).

Wir sind im **Skigebiet von Champorcher** mit seinen Liftanlagen angelangt. Zwar führt ein ›Ausweichpfad‹ (5A) nach links nahe dem Larissa-Bach aufwärts Richtung Südwesten, doch würde man dort nur mit gewaltigen Masten konfrontiert, deren summende Leitungen Atomstrom aus Frankreich nach Oberitalien transportieren. Also halten wir halbrechts auf die ca. 100 m entfernte Erdpiste zu, die nach Norden, begleitet von Schneekanonen und Kabel unterquerend, zu einem Übergang mit einer Pistengabel aufsteigt. Dort erwarten uns – das Dondenaz-Tal wird einsehbar – weitere Geländenarben. Man quert schräg links über die Piste auf Pfad 5C (Achtung: undeutlicher Ansatz, hohes Gras).

Dieser **Panoramapfad** mit Blick ins Dondenaz-Tal und auf die Berge um den Mont Glacier lässt die 10-minütige Pistenödnis bald vergessen. Er zieht in schmaler, aber klarer Führung nahezu eben am grünen, licht bewaldeten Steilhang entlang Richtung Westen, da und dort ein wenig ausgesetzt. Nach etwa 10 Minuten wird das Gelände flacher, und auf steindurchsetzten Almwiesen (Murmeltiere) bilden sich mehrere Viehgangeln aus. Bald queren wir oberhalb von Alpruinen, überwinden eine **Klippenstufe,** gelangen, weiter ansteigend, durch eine erodierte Geländerinne zur nächsten Alpruine – von unten/halbrechts stößt der schon länger sichtbare Pfad 7D hinzu –, und erreichen die **Alpe Pian Pelui.** Unterwegs hat sich der Blick auf den Weiler Dondenaz geweitet (reichlich 5 Std.).

Vor der lang gestreckten Front der Alpe setzt ein rauer Erdfahrweg ein. Mit ihm westwärts in ein Bachtal und zur Hauptpiste zum Larissa-Pass (Wegweiser). Auf der Piste, die zum Bau der erwähnten Atomstrommasten errichtet wurde, nun nach rechts, also abwärts, und auf einer Brücke über den **Torrente della Rosa.** Der Weg wendet sich nach Norden und zieht (links zwei Pfadansätze Richtung Lago Miserin) mit Blick auf die Bergkette um den Glacier, durch buckliges Weidegelände zum **Rifugio Dondenaz,** einer angenehmen Berghütte mit vielen Tagesgästen, die vor der Bar die Sonne genießen (5.15 Std.).

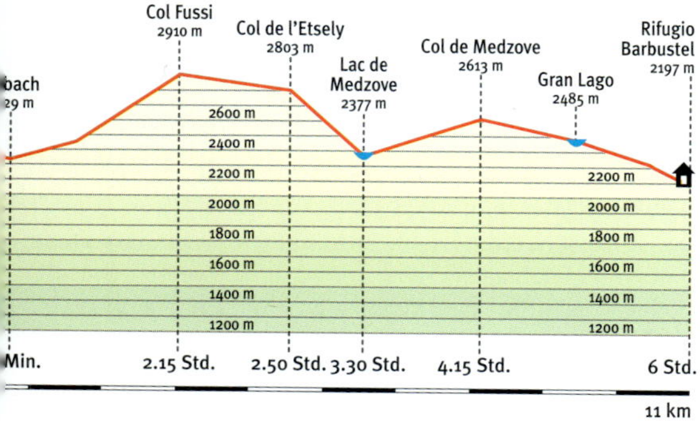

Zweiter Tag

Vom Rifugio Dondenaz zum Rifugio Barbustel

Gehzeit: 6 Std.

Anstieg: 1000 m

Abstieg: 1000 m

Einkehrmöglichkeiten: Unterwegs keine

Unterkunft: Rifugio Barbustel (Tel. 0347/789 20 89; 40 Betten, Duschen)

Zunächst auf einer rauen Piste hinter der **Dondenaz-Hütte** gemächlich aufwärts nach Westen durch offenes Gelände bis zu einem Wegweiser. Hier zweigt rechts der Pfad (Nr. 8, 8A, 8B, 8C) zum Colle Fussi ab (30 Min.).

Sogleich auf einem Holzsteg über den **Torrente Ayasse.** Auf der Nordseite zunächst links am Bach auf einen Vorhügel im Westen zuhalten. Hier setzt sich der Aufstieg auf einem der alten Reitwege des ›Jägerkönigs‹ Vittorio Emanuele II. fort, der in Dondenaz eine großzügige mehrstöckige Jagdstation besaß (als Ruine erhalten).

Teilweise unterfüttert, zieht der breite Pfad in Serpentinen bequem aufwärts. Auf ca. 2465 m Höhe eine Weggabel: Links geht es zum Col Pontonnet; wir halten mit 8C nach rechts, Richtung M. Glacier und Col Fussi. Der Steigwinkel des nun schmaleren Wegs ist nie sonderlich steil. Knapp 100 m höher nochmals die Möglichkeit, nach links abzuzweigen Richtung Pontonnet- bzw. Moussaillon-Pass. Unser Weg wendelt über steile Grashänge, zweimal

Runsen querend, zu einer Geländeschulter und bald darauf am Saum von Geröllfeldern, in denen der Pfad sich versehrt zeigt, zum **Fussi-Pass** (2.15 Std.).

Gipfelmöglichkeit

Am Pass setzen zwei Gipfelpfade ein. Der nach Südwesten (Nr. 5B) hinauf zum Mont Delà (3139 m) ist heikel; der nach Nordosten (Nr. 5A) zum **Mont Glacier** (3185 m) dagegen jedem trittsicheren Wanderer zu

empfehlen. Man steigt zunächst ca. 25 Höhenmeter in ein Geröllkar ab, dann linkshaltend hinauf zum Südwestgrat und weiter zum geräumigen Gipfel, der Panoramablicke bis zum Monviso im Süden und zu den Grandes Jorasses im Nordwesten bietet; nordöstlich schaut man über den Naturpark Mont Avic auf Matterhorn und Monte Rosa (hin und zurück: 1.30 Std.).

Vom **Colle Fussi** (Col Fussy) mit Pfad 5A zunächst unbequem abwärts durch eine Geröllscharte in das sich weitende Fenis-Tal. Bald wird der Pfad wieder besser, und es erweist sich, dass wir weiterhin einen der königlichen Reitwege benutzen. Breit und stabil zieht er durch Blockgelände und Plattenzonen (Steinbockrevier!) und schließlich sehr aussichtsreich über einen Grat. Wenn Pfad 5A, 102 links ins Fenis-Tal abzweigt, sind es nur mehr 200 m bis zu ›unserem‹ **Col de l'Etsely** (Col d'Eyelè; 2.50 Std.). Übrigens setzte sich der Königsreitweg ursprünglich

Blick vom Col de l'Etsely auf den Lac de Medzove

am Westhang des scharf konturierten Mont Rafray zu einer letzten Jagdstation fort.

Der Etsely-Pass ist eine Scharte. Man blickt von ihr auf die Matten um den türkisfarbenen **Lac de Medzove** (Mazove; Lac de Margheron); in der Ferne der Alpenhauptkamm mit dem Matterhorn. Ein Schotterpfad (Nr. 4A) führt in vielen Kehren zum See hinunter und an seinem Ufer nordwärts (3.30 Std.).

Entgegen den Karten müssen Sie nun nicht bis zur nahen Alpe Medzove aufsteigen. Vielmehr rechts in den Alpgrund und von dort südöstlich im Wiederanstieg in das erste Tälchen nach rechts. Auf Steinmänner achten! Der Pfad (5C, 102) wird zur bloßen Spur; man tastet sich entlang der Markierungen an steinigen Hängen aufwärts, wobei die Richtung auf Ost schwenkt. Auf ca. 2490 m eine Bachquerung; im weiteren Aufstieg wird dann der Passbereich einsehbar. Man hält links des Gerölljochs **Col de Medzove** über buckliges Wiesengelände; nahebei kündigt auf einer Kuppe ein Schild den **Parco Naturale Mont Avic** an (4.15 Std.).

Vor uns eröffnet sich nun das herrliche Seengebiet des Naturparks, und nach 100 Höhenmetern Abstieg passieren wir zwischen den ersten Seen steiniges Grasgelände. Durch ein Bachtälchen, an dem eine Hütte steht, erreichen wir rechtshaltend den **Gran Lago.** Der Pfad, seit der Hütte deutlicher ausgeprägt, zieht am Nordufer des ›Großen Sees‹ entlang zu seinem Abfluss im Nordosten (kleine Staumauer; Wegweiser; 5.10 Std.).

Auf gutem Pfad steiler abwärts durch die prachtvolle Felslandschaft der Avic-Seenplatte, vorbei an Hausruinen. Auf ca. 2320 m queren wir den Abflussbach auf einem Holzsteg. Kurz darauf über einen Alpgrund und zwischen zwei verfallenen Hütten der **Alpe Pisonet** hindurch (5.30 Std.).

Der Abstieg setzt sich in östlicher Richtung fort, erreicht die Baumgrenze des Lärchenwaldes. Zur Rechten liegt nun malerisch der Lago Nero, und zur Linken wird bald der Lago Bianco sichtbar, etwas später auch der moderne **Rifugio Barbustel,** den man nach einer letzten Bachquerung in leichtem Gegenaufstieg erreicht (6 Std.).

Dritter Tag

Vom Rifugio Barbustel nach Chardoney

Gehzeit: 4.30 Std.

Anstieg: 400 m

Abstieg: 1150 m

Einkehrmöglichkeiten: Unterwegs keine

Unser Pfad setzt etwas undeutlich auf der Ostseite (rechts hinter) dem **Rifugio Barbustel** ein. Sogleich wird der Biotop um den kleinen **Valletta-See** sichtbar, und bald blickt man in die Tiefen des Aosta-Mitteltals. Unser Pfad (Nr. 4; 102) zieht nach Osten und sinkt, etwas oberhalb der Seesüdseite, zu einer Gabel ab (Wegweiser).

Hier nicht talab, sondern rechtshaltend im Wiederaufstieg zum **Col de la Croix**. Im Vorblick liegt eine gezackte Bergkette. Der – nun schmalere, im Fels zuweilen auch undeutliche – Pfad führt uns durch weiterhin eindrucksvolle Landschaft hinauf zu dem genannten Pass, in dessen weitgefächertes Terrain etliche Tümpel eingelagert sind (40 Min).

Am Pass scheiden sich der Höhenweg 102, der nach links/östlich aufsteigt, und unser Abstiegspfad (Nr. 10C), der in südwestlicher Richtung holprig durch Fels-Gras-Terrain der Pfadverbindung mit dem direkteren, aber weniger reizvollen Alternativpfad von der Hütte über den Col Lago Bianco zustrebt (Col du Lac Blanc; Wegweiser; knapp 1 Std.).

Leider ist das nächste Pfadstück, das südwärts durch karges, spärlich bewaldetes Talterrain führt, sehr ausgetreten. Es geht abwärts bis auf die Höhe des **Lago Muffe** (Lac Muffé; Alpruine; Abzweig nach Osten zu einem Menhir) und – zur Linken nun von einem Bach begleitet – weiter talab über eine schottrige Steilstufe, bis sich nach weiteren ca. 20 Minuten rechts ein Seitentälchen öffnet **(Achtung:** Wegmarken und Schriftzug »Raty« auf einem Fels).

In dieses Tälchen abbiegen! Nach ca. 100 m geht es nach einem Gatter links abwärts (man kann auch rechts beschwerlich über einen aufgefüllten Kanal wandern und so Höhe wahren) in eine Bachsenke und im Gegenaufstieg zu einer verfallenden Steinhütte. Weiter westwärts in Richtung des bukolischen **Lago Vernouille,** der auf der Südseite umgangen wird (knapp 2 Std.).

Der nächste Aufstieg führt uns westwärts in ein Joch (links ein Kreuz) und wieder abwärts in Weideterrain zu neuen, teils verdeckten Alpbauten. Den **Teich** unter der Tête des Hommes (mit dem Alphaupthaus) lässt man rechts liegen. Danach noch ein unbedeutender Aufstieg über steinige Alpwiesen zur Tiefstelle des nächsten Graskamms. Die Markierung ist seit dem ›Kreuzjoch‹ spärlich, die Pfadspur schmal; letztlich ist die Weglinie, hält man westwärts, aber nicht zu verfehlen. Und die Orientierung wird nun einfacher, denn etwas unterhalb der **Alpe Raty,** einen Graskamm im Vorblick, bildet sich ein stärkerer Pfad aus. Er zieht leicht abwärts zu einer Weggabel (2.45 Std.).

Ab der Gabel (nahebei ein verfallener Alpbau) nach links entlang eines Baches durch karges Weideterrain abwärts zu einer Steilstufe, die unser Pfad auf gut gebahnten Schotterserpentinen nimmt, bis er in den Weidegründen der **Alpe Chapy** anlangt (Brunnen; 3.15 Std.).

Von hier zieht ein Alpfahrweg in wenigen Minuten Richtung Osten hinunter zur **Hauptpiste des Dondenaz-Tals,** der man spitzwinklig nach rechts über ca. 400 m folgt bis zu einer Hauszufahrt auf der Rechten. Annähernd gegenüber dieser Zufahrt, also auf der Pistensüdseite, führt schräg am Hang, einen Lärchenhain berührend, unser Pfad auf eine tiefere Weideebene und dort zu einem Steg (3.45 Std.).

Hier setzt links Pfad 9 ein, bekannt als **La Scaletta.** Das ›Treppchen‹ oder ›Leiterchen‹ ist wesentlich besser erhalten als die durch Pistenbau, Skilifte und Lastwagenspuren versehrte *Strada Reale* des zweiten Vittorio Emanuele auf der südlichen Seite des sich bald tief einschneidenden Tals des **Torrente Ayasse.** Beide führen nach Osten, Richtung Chardoney. Anders als der ›Herrenweg‹ gegenüber war die Scaletta der ›Volksweg‹ der Älpler. Baumbeschattet und steinbemoost, indes mit wenig Ausblick, geht es auf vielen Stufen unter Steilhängen und Klippen zur Linken durch das wilde Tal, dabei zweimal durch Gattertore und mehrfach über Rinnsale, hinab zu einer modernen **Bachbrücke,** die nach rechts gequert wird. Weiter ab-

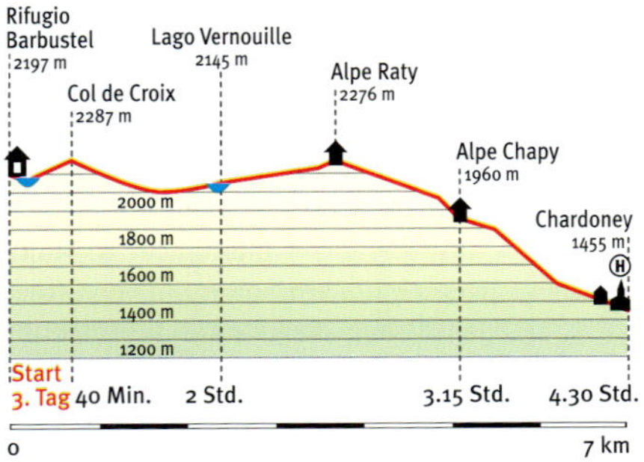

Die Scaletta, das ›Leiterchen‹, mit dem unser Trekking nahe Chardoney endet

wärts durch Weideterrain. Mauern säumen nun die alte *mulattiera*. Bald darauf verbindet sich die Scaletta mit der Strada Reale, und gemeinsam geht es auf jüngst erneuerter Pflasterung zur oberen Brücke von **Chardoney.** Die Bushaltestelle (Wartehäuschen) befindet sich, 2 Minuten entfernt, am oberen Rand des Großparkplatzes (4.30 Std.).

Wer länger auf den Bus warten muss, tut das am besten in der nahen Bar oder geht, zunächst entlang eines Picknickterrains, direkt nach **Château** bzw. gleich nach **Mellier** weiter (wenig Verkehr; noch ca. 20 bzw. 50 Min.).

Unterkunft in den Tälern

Wer mehrere Touren in einem der vielen Seitentäler plant, ist gut beraten, dort Quartier zu nehmen, um sich zeitaufwendige Anfahrten von Aosta/Stadt her zu ersparen. Zudem verkehren die Busse in die einsameren Nebentäler meist nur zwei- oder dreimal pro Tag; dies kann lange Wartezeiten vor der Rückfahrt bedingen. Zudem ist es im Mitteltal bei Gewitterlage drückend schwül. Viel angenehmer und meist auch preisgünstiger sind die Unterkünfte in den Talhochlagen. Einige Hinweise:

Gressoney-Tal (Touren 1–4)

In den beiden Gressoney, in Chemonal sowie in Staffal gibt es hochwertige Hotelunterkunft, für die aber auch stolze Preise erhoben werden. Günstigere Hotels finden Sie in und bei **Gaby,** etwa Laurent* (Tel. 0125/34 59 50) oder Mologna** (Tel. 0125/34 59 39). Von Gaby sind Sie mit dem Bus in ca. 5 Min. in Issime, in 20 Min. in Gressoney St.-Jean, in 30 Min. in Gressoney La-Trinité, in 40 Min. in Staffal. Der **Rifugio Alpenzu** (Tel. 0125/35 58 35), eine Berghütte im Walserweiler Alpenzu Grande, eignet sich als Unterkunft für Tour 2 und 3. Die Hütte bietet neben Schlafsälen auch Doppelzimmer (Vorbuchung ratsam).

Ayas-Tal (Touren 5-8)

Auch für das Ayas-Tal gilt, dass die Hotels in den Hauptorten sich gutes Niveau durch recht hohe Preise entgelten lassen. Preiswerter kommen Sie in **St.-Jacques** unter, z.B. im ruhig gelegenen Hotel Fior di Roccia* (Tel. 0125/30 76 30) und in der Casa Favre* (Tel. 0125/30 75 71) im nahen Weiler Blanchard. Der ca. 15 Min. von St.-Jacques entfernte **Rifugio Città di Casale** (Tel. 0125/30 76 68) gleicht spartanische Ausstattung durch gute valdostanische Hausmannskost aus. Weitere Berghütten sind der 10 Min. von der Seilbahn-Bergstation entfernte **Rifugio Vieux Crest** (Tour 6; Tel. 0125/30 79 83) und der **Rifugio Grand Tournalin** (Tour 7; Tel. 0125/30 74 53 oder 03338/ 73 76 770).

Valtournenche (Tour 9)

Die beiden großen Fremdenverkehrsorte mit Hotels verschiedener Preisklassen sind **Valtournenche** und – mit deutlich höherem Preisniveau – **Breuil/Cervinia** im Talschluss. Neben dem für die Übernachtung vorgesehenen Albergo Carrel* (s. S. 48) sei auf die preisgünstigen Hotels in **Antey St.-André** (1074 m) hingewiesen. Das Berghotel Panorama* (Tel. 0166/92 01 9) in **Cheneil** besitzt nur 14 Betten; unbedingt vorbuchen! Am Lago di Cignana (zweiter Tag des Trekking) bietet der **Rifugio Barmasse** (Tel. 0368/21 73 65) schlichte Unterkunft im Mehrbettzimmern.

Valle di St.-Barthélemy (Tour 10)

Die stille Talschaft besitzt nur zwei Hotelunterkünfte, in **Lignan** das Cuney** (Tel. 0165/77 00 23) und im

250 m entfernten Weiler **Clemenceau** das besonders preisgünstige Luseney* (Tel. 77 00 22). Zu den Hüttenunterkünften des Drei-Tage-Trekkings s. S. 54 und S. 57.

Valpelline und Ollomont-Tal (Touren 11, 12)

Günstigstes Quartier für diese beiden Touren ist **Valpelline,** ca. 20 Busminuten von Aosta/Stadt entfernt. Empfehlung für das Hotel Croce Bianca* (Tel. 0165/71 39 22), nur 2 oder 3 Min. vom Zentralplatz (Bushaltestelle, Parkraum). Der Ort besitzt auch Lebensmittelläden. Von Valpelline mit dem Bus nach Ollomont in nur 10 Min.; nach Glassier in ca. 15 Min. Rückfahrt von Closé oder Oyace nach Valpelline binnen 15/20 Min.

Tal des Großen St. Bernhard (Touren 13, 14)

Zur Unterkunft am Gran San Bernardo s. S. 73. Wenn Sie im Hotel Italia oder im Passhospiz übernachten, können Sie Tour 14 ohne allen Zeitdruck gehen; am nächsten Tag dann Tour 13 und somit Abstieg nach **Etroubles.** Dort übrigens zwei Hotels der gehobenen Mittelklasse: Beau Sejour*** (Tel. 0165/78 90 07) und Col Serena** (Tel. 0165/78 21 8).

Unter dem Montblanc (Touren 15-18)

Im Fremdenverkehrszentrum Courmayeur finden sich Unterkünfte aller Kategorien. Wenn Sie es ruhiger lieben, könnten Sie sich im Ferret-Tal z.B. in **Lavachey** (Hotel Lavachey*, Tel. 0165/86 97 23) einquartieren und von dort die Touren 15 und 16 angehen. Der günstigste Verkehrsknotenpunkt bleibt aber **Courmayeur,** das auch einige preisgünstige Häuser wie die Hotels Venezia* (Tel. 0165/84 24 61) und Roma* (Tel. 0165/84 18 23) besitzt. Die für unsere Wanderungen relevanten Berghütten sind der moderne **Rifugio Walter Bonatti** (Tour 15; 2025 m; Tel. 0165/86 90 55) sowie der **Rifugio Giorgio Bertone** (Tour 15; 1991 m; 0165/84 46 12) und der **Rifugio Maison Vieille** (Tour 18; 1956 m; Tel. 0337/23 09 79) sowie der **Rifugio Elisabetta Soldini** (Tour 18; 2195 m; Tel. 0165/84 40 80). Da alle diese Berghütten von Wanderern auf der vielbegangenen Montblanc-Runde (TMB) benutzt werden, ist Vorbuchung ratsam.

Tal von La Thuile (Touren 19, 20)

La Thuile im Talkessel unter dem Kleinen St. Bernhard besitzt ein Dutzend Hotels, darunter etliche der gehobenen Mittelklasse, jedoch kaum preiswerte Unterkunft. Am ehesten ist noch das Soggiorno Firenze** (Tel. 0165/88 43 38) zu nennen, ca. 20 Min. vom Ortszentrum entfernt, direkt an unseren beiden Wanderwegen gelegen. Zur Unterkunft im Rifugio Albert Deffeyes (Tour 20) s. S. 95.

Valgrisenche (Touren 21–24)

Die Empfehlung lautet, sich im Dorf **Leverogne** am Eingang zum Valgrisenche einzuquartieren, eine halbe Busstunde entfernt von Aosta/Stadt. Dadurch halbieren sich die

Anfahrtszeiten zu den vier Touren. Die zwei Hotels des Dorfes sind das – besonders günstige – Beau Sejour* (Tel. 0165/99 016) und das Col du Mont** (Tel. 0165/99 001). Erwähnung verdienen ferner das Paramont** (Tel. 0165/97 106) im Weiler **Planaval** (Tour 21, 22) sowie die Hotels im Weiler **Gerbelle** nahe Valgrisenche/Dorf: Grande Sassiere** (Tel. 0165/97 113) und Maison des Myrtilles** (Tel. 0165/97 118), beide günstig gelegen, wenn Sie Tour 24 gehen wollen.

Rhêmes-Tal (Touren, 25, 26)

Wer sich in einem der Hotels von **Bruil,** Hauptweiler der Streusiedlung Rhêmes Notre-Dame einquartiert – Empfehlung für Chez Lidia** (Tel. 0165/93 61 03) und Galisia** (Tel. 0165/93 61 00) –, könnte am ersten Tag Tour 26 gehen und am zweiten Tag, nach ca. 750 m entlang der Talstraße, in Chanavey zu Tour 25 aufbrechen.

Valsavarenche (Touren, 27, 28)

In **Pont,** dem südlichsten Ort des Tals, bieten die Hotels Genzianella*** (Tel. 0165/95 393) und Gran Paradiso*** (Tel. 0165/95 454) Unterkunft der Mittelklasse. Es gibt auch ein Lebensmittelgeschäft. Die beiden Hütten, die auf Tour 27 passiert werden, sind der **Rifugio Vittorio Emanuele II** (2735 m; Vorbuchung obligatorisch! Tel. 0165/80 99 93 bzw. 84 65 05) und der **Rifugio F. Chabod** (2750 m; Tel. 0165/95 57 4). Zur Hüttenunterkunft auf Tour 28 s. S. 123.

Tal von Cogne (Touren 29–33)

Cogne selbst ist, für valdostanische Verhältnisse, eine recht mondäne Ortschaft, und zu den fast 20 Hotels gehört mit dem Bellevue**** (Tel. 0165/74 825) auch eines der (Fast)-Luxusklasse. Am günstigsten logiert man im Fior di Roccia** (Tel. 0165/74 011) und im Sylvenoire** (Tel. 0165/74 037). Im besonders ruhigen Höhenweiler **Gimillan** findet man nahe der Kirche in drei Mittelklasse-Hotels Unterkunft, darunter das Grauson*** (Tel. 0165/74 001). Empfehlung! Zur Übernachtung im **Bivacco Grauson** (Tour 30; 2530 m) finden Sie auf S. 132 die notwendigen Informationen. Sollten Sie im **Rifugio V. Sella** (Tour 32; 2584 m) nächtigen wollen, sei trotz der stattlichen Zahl von 150 Lagern in der Hochsaison Vorbuchung empfohlen (Tel. 0165/74 310).

Emilius-Gebiet (Touren 33, 34)

Lange Zeit gab das herrliche Berggebiet im Süden von Aosta/Stadt dem Bergwanderer erhebliche Probleme auf, denn oberhalb von **Pila** (dort zahlreiche Hotels der gehobenen Mittelklasse) bot lediglich der spartanische **Bivacco Federigo** (2907 m, 9 Lager, kein Kochgas, Wasser aus einem ca. 35 m tiefer gelegenen Karsee) Unterkunft. Inzwischen kann durch die Benutzung des Sessellifts zur Bergstation Chamolé eine Ausgangshöhe von 2300 m gewonnen werden und steht mit dem gut ausgestatteten **Rifugio Arbolle** (Tour 34; Tel. 0335/68 44 703) ein modernes Hüttenquartier zur Verfügung, das dem ehrgeizigen Bergwanderer den Aufstieg zum Monte Emilius ermöglicht.

Tal von Champorcher (Tour 35)

Falls Sie später am Tag über Hone angereist sind und das Drei-Tage-Trekking erst am nächsten Tag beginnen wollen, sollten Sie vorsichtshalber im Mittelklassehotel Beau Sejour** (Tel. 0125/37 122) in **Champorcher/Mellier** Zimmer und Abendessen *(cena)* vorbuchen, jedenfalls zwischen Ende Juli und Ende August. Es gibt einen kleinen Lebensmittelladen im Ort. Zu den Hüttenunterkünften Dondenaz und Barbustel s. S. 151 und S. 154. In **Chardoney**, dem Tourendpunkt, finden Sie zwei Mittelklassehotels: Chardoney** (Tel. 0125/37 221) und Petit Paradis** (Tel. 0125/37 230), im nahen **Château** ein weiteres Hotel (Castello**; Tel.0125/37 108), dazu einen *alimentari.*

Empfehlung

Lassen Sie sich vom Valdostanischen Verkehrsamt vor Reiseantritt den Annuario Alberghi, das aktuelle Hotelverzeichnis, sowie den Elenco Rifugi e Bivacchi, das ebenfalls Jahr für Jahr aktualisierte Berghüttenverzeichnis, zusenden, dazu eine Gesamtkarte des Aostatals im Maßstab 1: 115 000, die allerdings, es sei ausdrücklich betont, nicht die zur Benutzung empfohlenen Wanderkarten ersetzt.

Uffizio Informazioni Turistiche
Piazza Chanoux 8
I-11100 Aosta
Tel. 0165/23 66 27; Fax 34 657
E-Mail uit-aosta@regione.vda.it
www.regione.vda.it/turismo

Bitte schreiben Sie uns, wenn sich etwas geändert hat!
Alle in diesem Buch enthaltenen Angaben wurden vom Autor nach bestem Wissen erstellt und von ihm und dem Verlag mit größtmöglicher Sorgfalt überprüft. Gleichwohl sind – wie wir im Sinne des Produkthaftungsrechts betonen müssen – inhaltliche Fehler nicht vollständig auszuschließen. Daher erfolgen die Angaben ohne jegliche Verpflichtung oder Garantie des Verlages oder des Autors. Beide übernehmen keinerlei Verantwortung und Haftung für etwaige inhaltliche Unstimmigkeiten. Wir bitten dafür um Verständnis und werden Korrekturhinweise gerne aufgreifen:
DuMont Buchverlag, Postfach 10 10 45, 50450 Köln
E-Mail: reise@dumontverlag.de

Kleiner Sprachführer

acqua	Wasser
alpe	Alpe, Almhütte
altitudine	Höhe
alto	hoch
aperto	offen, geöffnet
arrivo	Ankunft(szeit)
bivacco	Biwak, unbewirtschaftete Hütte
basso	tief, niedrig
bosco	Wald
campeggio	Campingplatz
capoluogo	Hauptort einer Streusiedlung
cappella	Kapelle
carabinieri	Polizei(station)
cascata	Wasserfall
catena	Gebirgskette
chiuso	geschlossen
cima	Gipfel
col, colle	Joch, Scharte, Pass
conca	Gebirgsmulde, Kessel
cresta	Kamm
croce in vetta	Gipfelkreuz
dente	Felszahn
destra	rechts
difficile	schwierig
diga	Staumauer
dipartenza	Abfahrt(szeit)
discesa	Abstieg
doccia	Dusche
facile	leicht
fermata	Haltestelle
finestra	Joch, Scharte
fiume	Fluß
fonte	Quelle
funivia	Seilbahn
ghiacciaio	Gletscher
lago	See
laghetto	kleiner See, Tümpel
letto	Bett, Lager
lontano	weit entfernt
montagna	Alpe
mulattiera	Maultierpfad mit (Resten von) Pflasterung
monte	Berg
nebbia	Nebel
neve	Schnee
ometto	Steinmann
orario	Fahrplan
oratorio	Bethaus
parcheggio	Parkplatz
parco naturale	Naturpark
parco nazionale	Nationalpark
pascolo	Weide
passo	Pass
pedonale	Fuß-, Spazierweg
pericoloso	gefährlich
piano	eben, Ebene
pioggia	Regen
ponte	Brücke
prato	Wiese
punta	Gipfel
rifugio	bewirtschaftete Schutzhütte
rio, rivo	Fluß, Bach
roccioso	felsig
rovina	Ruine
salita	Aufstieg
seggiovia	Sessellift
segnato	markiert
sella	Bergsattel
sentiero	Pfad, Wanderweg
sinistra	links
Soccorso Alpino	Bergrettung
sorgente	Quelle
stambecco	Steinbock
strada sterrata	Erdstraße, Piste
telecabina	Kabinenseilbahn
tempesta	Sturm
temporale	Gewitter
torrente	Bergbach
val, valle	Tal
vetta	Gipfel
vicino	nahe
villaggio	Dorf

Register

Abbildungsnachweis

Alle Abbildungen: Frank Rainer Scheck, Köln

Karten und Höhenprofile: Berndtson & Berndtson Productions GmbH, © DuMont Buchverlag, Köln

Impressum

Titelbild: Im Norden des Ferret-Tals
S. 1: Bivacco la Lliée
S. 8: In der Conca di By
S. 10: Felstrasse des römischen Passwegs am Großen St. Bernhard
S. 12: Im Aufstieg zum alten Walserweiler Cuneaz

Über den Autor: Frank Rainer Scheck, geb. 1948, lebt als freier Schriftsteller in Köln. In der Reihe DuMont aktiv ist von ihm bereits der Band ›Teneriffa‹ erschienen. 1999 veröffentlichte er einen Führer zu den Höhenwegen des Aosta-Tals.

Die deutsche Bibliothek – CIP-Einheitsaufnahme

Scheck, Frank Rainer :
Wandern im Aostatal / Frank Rainer Scheck. -
Köln : DuMont 2001
DuMont aktiv
ISBN 3-7701-5522-X

Graphisches Konzept: Groschwitz, Hamburg

Druck: Rasch, Bramsche
Buchbinderische Verarbeitung: Bramscher Buchbinder Betriebe

ISBN 3-7701-5522-X